摩石錄

李浩 著

目次

序一

何寄澎

近一、二十年因著學術研究與交流的需要，我多次赴大陸著名大學訪問，也幾乎定期參加唐代學會、宋代學會的會議，以及首都師範大學、復旦大學等校舉辦的國際學術會議，因而得識大陸中文學界的諸多俊彥，其中有些亦成為君子之交的朋友，對這樣的緣分，我個人是極為珍惜的。在這些學界俊彥中，李浩先生相對沉靜而內斂，雖蒙其贈我大作若干，但彼此交談不多，算不上熟識，我從他的著作知道他研究傑出、成果豐碩，心中始終是佩服的。

去年（二〇一九）秋，李先生來臺客座，因而有機會小聚，知其已撰就《摩石錄》諸稿，當下歎服不已。蓋金石之學，牽涉的知識太廣，需要的涵養太深，李先生寫來旁徵博引，井然有見，雖初試啼聲，功力已然不凡。各篇所涉課題包括：唐初樂律學，唐初政爭，士族轉型，貴族女性崇道、崇佛風氣，中唐以後石刻技藝的集團化、家族化，以及唐代與域外異族的交涉等等。各篇或補史之不足，或拓學術新視角，或揭一己獨特新見解，而莫不裨益學術，誠有足多者！閱讀上述諸篇大作時，我個人雖不能贊一辭，卻勾起久遠的記憶。蓋上個世紀八〇年代初，撰寫博士論文期間，瀏覽歐陽修《集古錄跋尾》，便愛不忍釋，動念他日當就此深入研究。然因生性疏懶、專精不足，始終不敢縱身其中，僅於偷閒之時，反覆翻閱以為饜足而已。有關《集古錄》，歐公雖說：「乃撮其大要，別為錄目，因並載夫可與史傳正其闕謬者，以傳後學，庶益於多聞。」（〈集古錄目序〉）但我個人總覺得對自我生命、對他人生命，乃至對歷史、現實一以貫之的關切與深情，才是歐公對金石遺文懷抱無限熱情的關鍵。試看〈後漢楊震碑陰題名〉曰：「……漢隸世所難得，幸而在者，多殘滅不完，獨此碑刻劃完具，而隸法尤精妙，甚可喜也。治平元年中伏日書」，顯示的是日常生活的愛悅與適意。〈唐湖州石記〉曰：「（顏魯）公忠義之節，明若日月而堅若金石，自可以光後世、傳無窮，不待其書然後不朽」，顯示的是對顏魯公人格、氣節的崇仰。〈魏公卿上尊號表〉曰：「右〈魏公卿上尊號表〉，唐賢多傳為梁鵠書，今人或謂非鵠也，乃鍾繇書爾，未知孰是也。嗚呼！漢、魏之事，讀其書者可為之流涕也！其鉅碑偉字，其意惟恐傳之不遠也，豈以後世為可欺歟？不然，不知恥者無所不為乎？」從「未知孰是」的知性辨證到「可為之流涕」、「不知恥者無所不為乎」的感慨與凜然，顯示了歐公對歷史正變、是非的關懷。〈唐韓覃幽林思〉曰：「右〈幽林思〉，廬山林藪人韓覃撰。余為西京留守推官時，因遊嵩山得此詩，愛其辭翰皆不俗。後十餘年，始集古金石之文，發篋得之，不勝其喜。余在洛陽，凡再登嵩嶽。其始往也，與梅聖俞、楊子聰俱；其再往也，與謝希深、尹師魯、王幾道、楊子聰俱。當發篋見此詩以入集時，謝希深、楊子聰已死。其後師魯、幾道、聖俞相繼皆死。蓋遊嵩山在天聖十年，是歲改元明道，余時年二十六，距今嘉祐八年，蓋三十一年矣。遊嵩六人，獨余在爾，感物追往，不勝愴然！六月旬休日書」。字裡行間，死生無常、際遇難料、人事多變之感慨，充然在目。〈唐華岳題名〉則在人世百端之外，尤深致嘆惋於「世變多故」，其文曰：「開元二十三年丙午，是歲天子耕籍田，肆大赦，群臣方頌太平，請封禪，蓋有唐極盛之時也。清泰二年乙未，廢帝篡立之明年也，是歲石敬塘以太原反，召契丹入自雁門，廢帝自焚於洛陽，而晉高祖入立，蓋五代極亂之時也。始終二百年間，或治或亂、或盛或衰，而往者、來者、先者、後者，雖窮達壽夭，參差不齊，而斯五百人者，卒歸於共盡也。其姓名歲月，風霜剝裂，亦或在或亡，其存者獨五千仞之山石爾。故特錄其題刻，每撫卷慨然，何異臨長川而嘆逝者也！治平元年清明後一日書」。在對人命終歸澌盡泯滅而已的感嘆中，尤透露出一己對治亂盛衰有常無常的惑與不惑。要言之，從上引諸篇《集古錄跋尾》，固可見在「可與史傳正其闕謬者，以傳後學，庶益於多聞」的核心旨意之外，歐公更藉此表現其兼涵「小我」、「大我」的抒情詠歎，而後人正由此可窺見歐公動人的內在情懷以及筆下特殊的文字風格。

我因此想到，李先生的石學研究，何妨在莊嚴的學術層面之外，漸漸添入個人浸淫此種種史料當中的所思所感、所體所悟？則或許因之別開李先生另一新勝場，亦未可知。書名《摩石錄》，我個人反覆揣想，莫非其中亦已有如歐公嗜好、把玩的心情與趣味在？則李先生對我上述的發想，何妨興乎而為此。但願不久之後能見到《摩石錄跋尾》這樣的書寫，是為盼！

二〇二〇年七月二十九日於臺北酷暑天

（序一作者為臺灣大學中文系名譽教授）

序二

．陳尚君

李浩教授結集近年所撰有關唐代石刻研究論文十多篇，顏曰《摩石錄》，將由聯經出版公司出版，囑我為序，不敢辭，謹述初讀感受，與讀者分享。

近年與李浩教授來往頻繁，他主辦會議我多曾參加，我這邊的事情也不免叨擾於他，有這樣的機緣，本書中半數文章，先前就曾閱讀，時有所獲。比如李百藥墓誌，即從他這裡初見，我恰在編訂唐詩，李百藥為初唐名家，立即據以增寫小傳，補充事蹟。再如迴紇公主墓誌與雙語之安優婆姨塔銘，我難以發表所見，而國內外治唐代中外文化交流之學者對此抱有極大興趣，我有認識的朋友，也曾為之聯絡紹介。當然，最近的幾篇，都是首次見到，內容重要，考釋精微，值得作特別的介紹。

一是初唐樂律學家祖孝孫墓誌，大約是鄭譯墓誌發表後，有關隋唐音樂史最重要的發現。兩《唐書》皆有祖孝孫傳，稍顯簡略。有關祖氏家世、生卒及家學傳授部分，墓誌可以補充史書的內容很豐富。李浩教授研究的重心在於祖氏家學傳授的部分，涉及南朝祖沖之家族，北齊祖瑩家族，以及南北分治時期祖氏家族的發展梗概。就祖孝孫本人師承來說，則除家學外，還得益於向陳陽山太守毛爽及梁博士沈重學習京房律法。集中這些優勢，祖孝孫先後參加開皇樂議與貞觀樂議，爲唐雅樂完成做出重要貢獻，就可以理解了。李文有一節討論祖孝孫的樂律學貢獻，我不完全理解，但說墓誌豐富了史籍的紀錄，應該可以肯定。

二是〈馮五娘墓誌〉。此誌最重要的價值在於，是初唐四大書家之一褚遂良的早年所撰所書。遂良是南方人，隋時隨父漂泊，曾歸隴西薛舉，降唐後很長時間並不受重用。此誌撰於貞觀十二年，遂良已四十三歲，官起居郎。手邊未檢得他的年譜，憑印象似乎是他最早的書跡，彌足珍貴。馮五娘是北魏外戚名家馮氏後人，更重要的是隋唐間名將薛世雄的嫡妻，對馮、薛兩家之譜系與薛世雄在與竇建德軍作戰時敗亡的隱情，李浩教授已作詳盡考釋，很是精彩。我更感興趣的是此墓誌對薛世雄死後，馮五娘維持此一家族發展，將薛氏諸子培養成人的紀錄。李文徵引及此一家族已經發表的多方墓誌，其中薛萬備墓誌我先前也曾撰文提到（見〈齊運通先生編選《新誌百品》初閱述感〉），而薛萬述及其子薛玄育墓誌，則前此沒有注意（二誌似在民間私人收藏），這些墓誌放在一起閱讀，立體地展現關隴名家一個家庭的真實情況，許多細節都是正史沒有載及的。眾所周知，薛萬徹捲入高陽公主案而遭誅，此事件對這一家族有怎樣的影響，本書提供的豐富文獻有充分展示。〈馮五娘墓誌〉是一篇孤立的貴婦傳記，獨立閱讀也有其價值，放在歷史過程的大背景下闡釋，對比相關文獻來閱讀，孤立的傳記就豐富而立體地站了起來。李浩教授做了認真的詮釋，使我得到閱讀的愉快，更增讀史之滄桑之慨。

三是〈李偡妻宗氏墓誌銘〉。僅就誌文說，此誌是舊相之女嫁給宗室之子的人生紀錄，並不涉及複雜的史事。李浩教授的研究則發現一特殊的視角，該女與大詩人李白妻宗氏來自同一個家庭。宗氏之父宗楚客，雖也出身北魏以來的世家，本人也曾進士及第，但在武周時期，憑藉其母是武后從父姊，從神功到景龍十多年間，三度入相，權重一時。唐隆政變，宗氏兄弟被殺，此一家族迅速衰歇。此墓誌及李浩教授的釋讀，比較有意思的是，這一家族在漫長的玄宗時代如何度過，他們該如何敘述先人曾經輝煌但在現實政治中又幾乎被否定的這段往事。李浩教授仔細還原了這一家族的興衰史，特別是通過對墓誌中借典故辭章修飾起來的晦澀文本，作了準確解讀。其中最精彩的部分，是墓誌對家族往事之敘述，居然與李白給妻弟宗璟詩中對宗家中落的評述，有驚人的相似。李浩認為墓誌在前，那也可能李白見過此方誌文。這一詮讀，對解釋李白詩也有意義。

四是〈邵建和墓誌〉。誌主的身分很特殊，他是內廷御用刻石匠人，且幾乎是柳公權書法的專屬刻匠。就中國傳統的社會尊卑來說，刻工地位很低，但從西方藝術史來說，雕刻匠可以成為偉大藝術家，不久前剛看電影《米開朗基羅》，爲西斯廷大教堂作頂棚設計的米氏，就是一位偉大的匠人。邵建和在唐代石工中，無疑處於最頂尖的位置，因此他在身後，留下一行「故中書省鐫字官題玉簡都勾當刻玉冊官游擊將軍右威衛左郎將上柱國」的官銜，所謂玉冊，專指皇家喪葬及封冊的文告，他因此而得到崇高認可。墓誌說：「當敬、文之際，郊天祀地，旌善紀功，今少師河東柳公公權，偉夫朝廷重德，文翰高名，凡景鐘之銘，豐碑之烈，至於緇黃追述，中外奏記，但樹金石者，悉俾刊刻，無處無之。由是聲價彌高，勞績兼著矣。」這是唐代藝術史極其重要的紀錄，今人知道柳公權，更要知道邵建和。墓誌還有一段：「自唐來則有朱靜藏、史華、徐思忠、衛靈鶴、鄭振、陳英、常无怨、楊暄等，皆異代同妙也。」這是唐初以來最著名石刻工匠的名單，應該是當時業內的共識。李浩教授已經就所知對數人加以考釋，我相信仍不全，今後還會有新的發現。

唐代墓誌研究是最近三十多年國內外唐代文史研究中的顯學，其中最突出的特點，一是新發表文獻數量巨大，大約數倍於宋以來千年之總和；二是繼武傳統，重視個案研究，將傳統以題跋為主的文本詮釋，變為現代學術論文的發表，以石刻與存世文獻比讀，以求抉發新見石刻之價值；三是方法求新，立場變化，採取系統統計、文本深讀、現代詮解乃至社會學研究等諸多新路，開拓學術新域。當然普遍存在的問題也有許多，從文本來源說，則民間盜掘已成公害，從文獻發表說，重影印而多有重複，從研究實績說，則發表多而開掘不深，鋪排堆砌，缺乏通貫的考察與問題意識。當然年輕一代的崛起，也展示出全新的氣象，值得我們抱持殷切的期待。

至於李浩教授本書的成就，我不擬作特別的拔高，只想作客觀中道的介紹。我想特別提出，李浩教授本人是陝北靖邊人，在古都西安學習工作超過四十年，於漢唐文化與文學用力甚勤，根柢亦好。他在本書所據墓誌，完全來源於老友齊志先生主持的榆陽區古代碑刻藝術博物館，與他書已經發表者幾無互見。我於近年以洛陽、西安已發表墓誌瀏覽近於周遍，對此感覺很清晰。榆陽區在陝西最北端，在唐代屬於銀、綏、夏諸州，接近邊地，是民族混居之地。本書中的民族墓誌，即與此有關。李浩教授與齊志先生的合作已接近十年，今年初我曾到西安參加以該館石刻爲研究課題的專題討論會，瞭解有關收藏之豐富與研究之深入。該館全部藏石將另刊布，值得期待。就李浩教授本書各文之研究方法言，我特別欣賞他的堅守傳統，窮盡文獻，拓寬視閾，不循一格，因此而能言之成說，多有發明，在唐石研究中可自成家數。

寫到這裡，我想到以前曾經引用過的陳寅恪先生的一段話：「必須對舊材料很熟悉，才能利用新材料。因為新材料是零星發現的，是片斷的。舊材料熟，才能把新材料安置於適當的地位。正像一幅已殘破的古畫，必須知道這幅畫的大致輪廓，才能將其一山一樹置於適當地位，以復舊觀。」（《陳寅恪先生編年事輯》一九三五年譜）我不知道李浩教授是否關注過這段話，但他的工作，與前輩的倡導無疑是精神相通的。就如同績學如章太炎，始終排斥新見的上古文字，今日拒絕或不重視新見文獻學者還不在少數，包括年輕一些的學者。我願意更借此指出，新晉學者的治學，必須更多地關注新見的文獻與前沿的研究，不能臻此，終難預流。

與李浩教授認識超過三十年了吧！最初是治唐的同道，後來他曾來復旦做過一段博士後研究，此後一直對我很客氣。從二〇〇八年開始，我忝任唐代文學學會會長，他則以副會長兼任祕書長，負責學會的日常運轉，因此得有更多的合作。我感覺他是踏實而謹守分際的君子，有很強的行政能力，考慮問題周到嚴密，凡事能從大局出發，不計較個人之得失，承擔責任，任勞任怨，學會工作運轉正常，他的功勞最大。最近十年，老成凋零，風氣遽變，在一個學術共同體中如何存續傳統，正常運作，維持風氣，追求新變，其實很不容易。我的能力與資源都很有限，但一路順利，心情愉快，其實我心裡明白，是與得到包括李浩教授在內的眾多同仁的理解支持分不開的。去年曾得機緣討論學會今後的發展與人事調整，很難得的是看似複雜的問題，開誠討論後大家都很愉快。我也借此機會記述這段過程，表達存於心中而難以口述的感謝。

時疫方殷，世事不靖，凡百君子，各自珍重。謹此爲序。

二〇二〇年八月九日，於復旦大學光華樓

（序二作者為復旦大學中文系資深教授兼中國唐代文學學會會長）

摩石錄

代前言

究人冥天之際

我願意領銜承擔《榆陽區古代碑刻藝術博物館藏誌》整理工作，並將階段性的部分成果率先公布，不是蓄謀，純屬偶然。我本不擅金石學，從沒有在此領域開疆拓土的雄心壯志。之所以耗費近五、六年的時間精力，傾力於片石把玩，謄錄校讀，既是因為某種機緣，也是為了一份友情。

老友齊志嗜收藏，很多年前，我曾以張鈁築千唐誌齋藏貞石、呂建中修大唐西市廣收散石以成博物館的樣板激勵他，一而可再，繼之則可鼎立而三。老友古拙真樸，欣欣然有嚮往之意。唯因財務及時局，他遇到許多困難，委實不易。我促成他與榆陽區政府合作，使得這批貞石沒有飄零散佚，而是全部集中存放在新落成的博物館中，既讓這批文物安家落戶，又紓解了老友的焦慮。博物館甫成，解鈴還需繫鈴人。受老友與博物館的委託，由我領銜，組建團隊，做館藏石刻文獻的錄文整理。

當然，說我完全不關注石刻文獻也不屬實。早年讀書，曾修過戴南海先生的古籍整理課程，也聽過王利器、李學勤、胡戟等先生的專門講座，唐代文學研究圈中傅璇琮、陶敏、韓理洲、陳尚君、胡可先等先生關注新文獻，每有新成果我能第一時間分享；唐史研究領域中胡戟、榮新江、葛承雍、朱玉麒等先生對新文獻的敏感，對新材料的利用，也給人以深刻印象。我自己的碩士論文本來還包括《孟浩然詩集校注》，當時已完成初稿，答辯完成後即束之高閣。後來的博士論文與博士後出站報告，也特別留意利用包括墓誌在內的新文獻。我關於李白研究寫過一篇沾沾自喜的文章〈范碑所述李白世系的譜牒學問題〉，實際也是讀碑誌所獲感受。當然這些碑文、墓誌早出，已經成為傳世文獻的一部分。後來胡戟先生、榮新江先生主持大唐西市藏誌的整理工作，曾邀我參加，並讓我忝列編委，慚愧的是我未能有任何實際貢獻。

猶憶十年前，齊志兄偶然將其新收藏墓誌的拓片贈我，慫恿我寫點文章，我一再以瑣務繁忙為由拖延。二〇一五年後我因個人原因辭去管理工作，齊志又用此話頭激我。自忖雖然不做管理工作，但仍然在崗執教，教學科研都是分內之事，理應為供職單位有新的奉獻。即便在教師的崗位上尸位素餐，也會為人詬病。加之苦海無邊，不為無益之事，又何以遣有涯之生呢？

一

啟功先生《論書絕句》其十：「書樓片石萬千題，物論悠悠總未齊。照眼殘編來隴右，九原何處起覃溪。」[1]以清代不斷出現的金石文物更新書學界有關碑學帖學的論爭，來說明新材料新文獻的重要性。

《榆陽區古代碑刻藝術博物館藏誌》所收錄整理的是古代碑刻藝術博物館的館藏墓誌，這個博物館由陝西省榆林市榆陽區建立，展陳的藏誌主要由齊志提供，也包括榆陽區文保部門過去徵集和收藏的部分文物。

從數量上說，委託我們整理的墓誌總數是一六六方。從時間上說，這些墓誌從西魏一直到明代。其中西魏北周二方，隋代十方，唐代一四六方，宋代一方，金代一方，明代七方。從空間上說，這些墓誌主要是關中地區和陝北地區的。其中出自

1 啟功《論書絕句》，第一二頁，北京：生活．讀書．新知三聯書店，一九九〇年。

朔方郡夏州統萬城附近的十八方，其餘絕大部分是出自關中地區的。從內容上說，涉及宗教類的有五方，涉及異民族和外族的有四方。從親緣關係來說，涉及父子關係的二方，涉及夫妻關係的八方。其中不少具有極高的史料價值和藝術價值，如北周的拓跋慎墓誌、隋代的梁修芝墓誌、唐代的李百藥墓誌、高崇文、高承恭父子墓誌等等。還有反映民族關係、絲路交往的吐谷渾成月公主墓誌、迴紇會寧郡王移建勿墓誌；反映書法藝術的〈唐故遂州司馬常府君墓誌〉蓋銘，由李陽冰撰額。特別是雙語的〈大唐故安優婆姨塔銘〉，難得一見，為鎮館之寶，我在後面還要論及。

王昶〈金石萃編自序〉中說：「宋歐、趙以來，為金石之學者眾矣。非獨字畫之工，使人臨摹把玩而不厭也。跡其囊括包舉，靡所不備。凡經史、小學，暨於山經、地志、叢書、別集，皆當參稽會萃，核其異同，而審其詳略，自非輇材末學能與於此。且其文亦多瑰偉怪麗，人世所罕見，前代選家所未備。是以博學君子，咸貴重之。」[2] 對榆陽區古代碑刻藝術博物館新藏墓誌，亦當作如是觀。陳寅恪在〈陳垣《敦煌劫餘錄》序〉中指出：「一時代之學術，必有其新材料與新問題。取用此材料，以研求問題，則為此時代學術之新潮流。治學之士，得預於此潮流者，謂之預流（借用佛教初果之名）。其未得預者，謂之未入流。此古今學術史之通義，非彼閉門造車之徒，所能同喻者也。敦煌學者，今日世界學術之新潮流也。」[3] 陳寅恪此文寫於二十世紀前半葉，故特標舉敦煌學。饒宗頤〈法國遠東學院藏唐宋墓誌拓本圖錄引言〉一文中則說：「向來談文獻學者，輒舉甲骨、簡牘、敦煌寫卷、檔案四者，為新出史料之淵藪。余謂宜增入碑誌為五大類。碑誌之文，多與史傳相表裡，闡幽表微，補闕正誤，前賢論之詳矣。」[4] 榆陽區古代碑刻藝術博物館藏誌為文獻寶庫的第五大類史料即「碑誌之文」又增加了新的藏品。

對這些第五大類文獻進行錄文整理，可以為中古隋唐歷史、社會、文學、藝術包括絲路文化的研究提供豐富的新材料、新個案，拓展文史研究的空間，因為新出文獻中僅僅人物傳記部分就「數倍於兩《唐書》紀傳人物的傳記資料」。[5] 藉整理《榆陽區古代碑刻藝術博物館藏誌》，穿越漫長幽深的時間和空間，觸摸有溫度的歷史細節，考察重要事件的發生現場，聚焦古人對死亡的情禮百態，調整因史料缺乏

2 [清]王昶撰《金石萃編》，第一—二頁，西安：陝西人民美術出版社，一九九〇年。
3 陳寅恪〈陳垣《敦煌劫餘錄》序〉，收入《金明館叢稿二編》，第二六六頁，北京：生活・讀書・新知三聯書店，二〇〇一年。
4 饒宗頤主編《唐宋墓誌：遠東學院藏拓片圖錄》，第三頁，香港：香港中文大學出版社，一九八一年。
5 胡戟〈《珍稀墓誌百品》序〉，第一頁，西安：陝西師範大學出版社，二〇一六年。

而板滯的宏大敘事，細化並深化有更多高清像素的歷史圖景，我和我的團隊為有這樣的歷史際遇而慶幸，也願意竭誠努力，不辱使命。

二

收入本集的主要是館藏文物取樣的部分成果，具體可分為兩組：一組主要針對士人知識分子的墓誌，另外一組則針對古代少數民族及入華外族人的墓誌、塔銘，與史家陳寅恪所謂「塞表殊族」有關，屬於當代所謂中西交通、西域學或絲綢之路研究。各篇討論的主要問題及初步結論如下：

1. 新發現唐初樂律學家祖孝孫墓誌釋讀

新見〈唐故太常少卿上騎都尉范陽男祖君墓誌銘〉（以下簡稱「〈祖孝孫墓誌銘〉」），對隋末唐初音律學家祖孝孫的任職遷轉、祖孝孫的卒年及壽數，均有詳細的記載。據卒年貞觀五年（六三一），享年七十逆推，其生年應該是北齊太寧二年（五六二）。本文據墓誌銘重新補訂祖孝孫家族世系，並結合傳世文獻列出其生平履歷簡表，對祖孝孫的家學與師承、祖孝孫對隋末唐初樂律學的獨特貢獻也做了新的論列。本文認為，如將墓誌銘與傳世文獻深入研究，可以開拓並深化有關祖孝孫的相關話題。

2. 馮五娘墓誌銘錄文與釋讀

新見〈隨故左禦衛大將軍涿郡留守長江縣開國公薛府君妻故馮夫人墓誌銘〉（以下簡稱「〈馮五娘墓誌銘〉」），通過錄文和考索知，墓主人是隋末名將薛世雄之妻，其娘家是中古時期長樂望族馮氏，其夫家是河東汾陰薛氏，屬於所謂關中郡姓，是隋唐關隴集團的重要支持力量。無論夫家還是娘家，都是累世顯貴。特別是其子薛萬均、薛萬徹、薛萬備，對於李唐王朝建基貢獻卓著，也與唐初錯綜複雜的政爭有密切關係。

3. 新發現唐李百藥墓誌銘及其價值

對新發現唐初史學家、詩人李百藥墓誌銘，進行了錄文和初步整理，根據墓誌及史傳資料，對趙郡李氏漢中房支進行重新闡釋，通過喪葬地的變化觀察漢中房支遷徙的細節。利用此誌對李百藥的生卒年及年齡重新訂正，同時重新簡評李百藥的文學創作。

4. 唐代士族轉型的新案例：以趙郡李氏漢中房支三方墓誌銘為重點的闡釋

中古時期士族流動的歷史線索，經過史家陳寅恪、毛漢光等的持續研究，已經產生了豐饒的成果和許多有意味的結論。但流動的複雜過程以及其中的許多細節，因史料缺乏，尚未能揭示出來。本文借用「轉型」範疇，將新出唐初史學家、詩人李百藥墓誌銘與其祖父母墓誌和相關史傳資料進行對讀，試圖通過新出史料與傳世文獻的相互印證，對趙郡李氏漢中房支進行重新梳理，重點以喪葬地的改變來觀察漢中房支的流動及中央化，以期對中古社會和士族轉型有新的認知，對流行的「唐宋變革論」的起點也提出自己新的看法。通過李氏家族幾方墓誌的比較，還抉發出中古時期大族家風家學的一些與眾不同處，文章也對李百藥的文史著述做一點新的評價。

5.新見李白姻親宗氏夫人墓誌考略

新見唐代〈故主爵郎中彭州刺史李偡妻南陽郡君宗氏墓誌銘〉（以下簡稱為〈宗氏墓誌銘〉），據墓誌知，墓主人是宗楚客的二女兒，與唐代詩人李白有姻親關係。本文通過〈宗氏墓誌銘〉中對宗氏世系的敘述，指出新、舊《唐書》的闕漏，對宗楚客的評價與李白詩歌互釋，通過對李白贈妻宗氏的作品梳理，聯繫唐代貴族女性崇道風氣，對宗氏赴廬山學道事重新闡釋，指出新見文獻對深化李白生活與創作研究不無裨益。

6.新發現唐代刻石名家邵建和墓誌整理研究

新見出土文獻〈大唐故中書省鐫字官題玉簡都勾當刻玉冊官游擊將軍右威衛左郎將上柱國高平郡邵府君墓誌銘并序〉（簡稱「〈邵建和墓誌銘〉」）對於我們瞭解唐代石刻名家邵建和及其家族有重要意義，還可以細化並深化對唐代刻工及刻石藝術家群體的瞭解。新出史料與傳世文獻互相印證，對於金石學及刻石藝術以下幾方面的認知有重要推進：墓主邵建和的卒年、年齡、卒葬地有了準確的紀錄；邵建和家族和醴泉邵氏世系的簡要勾勒以及唐代刻石藝術名家系譜的簡要羅列。中唐以後，世家士族日漸式微，但在刻石技藝行業中卻出現明顯的集團化和家族化傾向。

7.新見唐代吐谷渾公主墓誌的初步整理研究

本文對新見吐谷渾慕容氏成月公主的墓誌進行了錄文和初步整理，並就這一新出文獻與弘化公主墓誌、法澄塔銘對讀，對與此相關的吐谷渾研究、唐代貴族女性修佛、長安寺廟研究等進行推展，並得出如下初步的結論：一，成月公主當係吐谷渾諾曷鉢與弘化公主所生，為其次女，生於貞觀二十年（六四六），卒於總章元年（六六八），享年二十三歲。幼時即入唐代長安的興聖尼寺修習，卒於寺內，葬於明堂縣（今陝西西安市長安區）少陵原。二，諾曷鉢至少育有五子二女，而一般的研究者僅提及其有三子。又，傳世文獻對弘化公主下嫁諸曷鉢的時間與出土的〈弘化公主墓誌〉不同，筆者以為，應以墓誌為準，至少交代分歧，兩說並存。三，成月公主修習的興聖寺是一個尼寺，但與一般的尼寺似有較大區別，其地理位置在長安外郭城通義坊，距皇城、宮城較近，在政治上與統治階級高層關係密切，高祖捨宅，太宗立寺，玄宗巡幸並任命寺主，在教義上當屬華嚴宗，故寺內有寺主法澄繪製的〈華嚴海藏變〉。而法澄圓寂後的葬地馬頭空，應指將其葬於馬頭空的窟室內，也就是中古時期僧人常採用的石室瘞窟法。

8. 新見唐代安優婆姨塔銘漢文部分釋讀

新見〈大唐故安優婆姨塔銘并序〉，是一方入華粟特人的塔銘，該塔銘由漢文和粟特文兩部分組成。漢文部分共十一行（包括題目），粟特文共十七行。通過漢文部分考釋可知，塔銘的主人出於昭武九姓的安國，但已經內遷到涼州姑臧，其族群當屬活躍於絲綢之路上的粟特人。其居住地長安外郭城群賢坊地近西市，是唐代旅京外族人集中居住區。與常見的粟特人信奉祆教或摩尼教等三夷教不同，據文中「普別二法」、「一乘」等概念，聯繫隋唐時期佛教發展史實，徵之以新出文獻和文物，推測此優婆姨當為三階教信徒，她雖然是在家修行者，但沒有依據世俗的葬法，而是與其他信徒集中在三階教創始人信行葬地附近埋葬，葬俗或屬當時佛教的林塔葬。

9. 西安新見兩方迴紇貴族墓誌的初步考察

本文對新見的兩方迴紇貴族墓誌進行錄文整理，並結合已出文物和相關傳世文獻，做一點初步的考察和解釋。首先對兩方墓誌銘進行對讀，分別就相關聯的喪葬時間、喪葬地點、兩個墓主的關係、兩方墓誌的作者等問題進行討論。然後將這兩方墓誌與已出其他迴紇人墓誌比較，主要集中在以下幾個相關的問題上：一是「迴紇」與「迴鶻」名稱問題，二是幾位旅居長安迴紇人的壽數，三是迴紇人在長安的葬地，四是旅居長安迴紇人的喪葬資費，五是旅居長安迴紇人在長安的居所，六是旅居長安迴紇人的身分，七是幾方墓誌所提及唐與迴紇貴族的婚姻，八是迴紇人墓誌的文體特徵和寫作風格等。

這兩方新出迴紇貴族墓誌的內容極豐富，與此前出土的三方墓誌的關係也極密切，但不少問題頗複雜，需要進行深入的專題研究。筆者較早看到這組新文獻，希望能引起相關領域專家的關注，做出更專精更深入的成果，用新史料和新文獻推進迴紇（鶻）史的研究。

王國維總結宋代金石學研究的經驗說：「既據史傳以考遺刻，復以遺刻還正史傳，其成績實不容蔑視也。」[6] 本書對部分墓誌的初步整理秉承並發揮地下文物與地上文獻「往復互證」的原則，同時採用新文物之間「比較互見」的方法。目前所做的工作，僅僅是館藏文物中部分藏品的初步整理和釋讀，猶如地質勘探中試鑽的岩石取樣，野外採集中的標本展示，不能代表全部。但管窺蠡測，也可以讓大家對整個藏品多一份嚮往。因為學科所限，本人目前所做的並不是系統全面的專門研究，只不過是學術新資訊的階段性發布和公開。坦率地說，我看重的並不是個人的具體結論，而是及時將博物館和收藏家祕藏的新文物，搬運到文史學界，奇物共賞，疑義相析。嚶其鳴矣，求其友聲，希望能引起更多同道的關注。

三

關於碑刻文獻研究的歷史，清人陳彝曾說：「從知華屋即山丘，桂翠蘭香影不留。畢竟古人能好事，摩挲片石已千秋。」[7] 其實古人研究金石不止於千年，應該說有了金石，就有金石的研究。早在六朝，梁元帝就曾撰《碑集》一百卷，[8] 應該是碑刻著錄研究的開始。

但習慣上認為，作為一門獨立的學問，金石學成立於宋代。王國維是這一種觀點的代表人物，他認為：「金石之學，創自宋代，不及百年，已達完成之域。……故宋人於金石書畫之學，乃陵跨百代。近世金石之學復興，然於著錄考訂皆本宋人成法，而於宋人多方面之興味，反有所不逮，故雖謂金石學為有宋一代之學無不可也。」[9] 除歐陽修之外，趙明誠也是宋代金石學的代表人物，他在〈《金石錄》序〉中說：「詩書以後，君臣行事之蹟悉載於史，雖是非褒貶出於秉筆者私意，或失其實。然至其善惡大節，有不可誣，而又傳之既久，理當依據。若夫歲月、地理、官爵、世次，以金石考之，其抵牾十常三四。蓋史牒出於後人之手，不能無失。而刻詞當時所立，可信不疑。」[10]

6 王國維〈宋代之金石學〉，收於謝維揚、房鑫亮主編《王國維全集》卷十五，第三二〇頁，杭州：浙江教育出版社，二〇〇九年。
7 桂邦傑纂、錢祥保修《江都縣續志》卷十五〈金石考〉，〈隋張通妻陶貴墓誌〉跋引清陳彝詩，民國二十六年據十五年刻板重印本。
8 [梁]蕭繹撰、許逸民校箋《金樓子校箋》卷五〈著書篇〉，北京：中華書局，二〇一一年。
9 王國維〈宋代之金石學〉，收錄於《王國維全集》卷十四，第三二一頁。
10 [宋]趙明誠著、劉曉東、崔燕南點校《金石錄》，第一頁，濟南：齊魯書社，二〇〇九年。

清代應該是金石學的第二個高峰。康有為從書法的帖學與碑學的轉型來論述學術思潮之轉變：「碑學之興，乘帖學之壞，亦因金石之大盛也。乾嘉之後，小學最盛，談者莫不藉金石以為考經證史之資，專門搜輯著述之人既多，出土之碑亦盛，於是山岩屋壁，荒野窮郊，或拾從耕父之鋤，或搜自官廚之石，洗濯而發其光采，摹拓以廣其流傳。若平津孫氏，侯官林氏，偃師武氏，青浦王氏，皆輯成巨帙，遍布海內。其餘為《金石存》、《金石契》、《金石圖》、《金石志》、《金石索》、《金石聚》、《金石續編》、《金石補編》等書，殆難悉數。故今南北諸碑，多嘉、道以後新出土者，即吾今所見碑，亦多《金石萃編》所未見者。出土之日，多可證矣。出碑既多，考證亦盛，於是碑學蔚為大國。適乘帖微，入纘大統，亦其宜也。」[11] 康氏雖然是從書學的視野看金石學，但也能看出當時金石學的興盛了。他的全書通論書道、書史和書藝，但僅目錄就專列了尊碑第二、購碑第三、碑品第十七、碑評第十八等四個專題討論，也可見其對碑學的重視程度了。

錢大昕在為畢沅《關中金石記》作序時說：「金石之學，與經史相表裡……蓋以竹帛之文，久而易壞，手鈔板刻，輾轉失真，獨金石銘勒，出於千百載以前，猶見古人真面目，其文其事，信而有徵，故可寶也。」[12] 又稱：「蓋嘗論書契以還，風移俗易，後人恆有不及見古人之嘆。文籍傳寫，久而踳訛，唯吉金樂石，流轉人間，雖千百年之後，猶能辨其點畫而審其異同，金石之壽，實大有助於經史焉。」[13]

二十世紀以來，西學東漸，歐風美雨鼓蕩，潮流所及，學風亦為之丕變。河南安陽新出之甲骨，陝西周原新見之鐘鼎，特別是隴海鐵路的修建，使沿線地下文物被挖掘，張鈁先生收集民間散落的碑誌，安置於洛陽新安，遂有千唐誌齋的藏石，他還請當時學界泰斗章太炎題寫藏石的齋名。一九四九年之後，新舊政權鼎變，文教事業亦舊貌換新顏，但因五、六十年代的農田水利建設、八十年代的城鎮化建設，特別是方興未艾的「鐵（路）公（路）機（場）」建設，使得包括墓誌在內的地下文物密集出土，這是國家基礎建設的副產品，但也是學術研究的基本材料。

因為新材料的「井噴式」出現，傳統的金石學在現代非但沒有衰落，反倒又有一次新的復興，數量巨大，內容繁多，新文物出土的消息、新研究成果的論著頻見於報紙、雜誌和各種專書中，可以將此看作繼清代以來金石學的第三次興盛。但此

11 康有為著、祝嘉編《廣藝舟雙楫疏證》尊碑第二，第一五頁，香港：中華書局，一九七九年。
12 錢大昕著、陳文和主編《潛研堂文集》卷二五〈關中金石記〉序，第三八三頁，南京：鳳凰出版社，二〇一六年。
13 《潛研堂文集》卷二五〈山左金石志〉序，第三八四—三八五頁。

次與前兩次高峰還是有許多差別，最重要的一點就是，本次金石學的發展，適與西學的引進，現代中國學術的建立同步，特別是金石學不再是作為傳統博物志中的一個門類，而是搖身一變，成為考古學中出土的文物。隨著發掘工具特別是檢測分析儀器的日新月異，尤其是遺址景觀學、年代學、材料學、圖像學、人類學等理論和方法的引入，文物保護與復原技術的成熟，包括墓誌在內的地下出土材料，不再被僅僅視為一件奇貨可居的古董，而更多的被看作是掩埋在地下的大歷史的碎片。我以為，這也是真正實現人文學術現代化的一個重要的歷史契機。當然，能否抓住這一契機，完成中國現代學術的轉型，需要學術共同體中幾代人的共同努力。

以我熟悉的師友而言，胡戟先生注重新文物的收集保護，陳尚君先生注重新材料與傳世文獻的互證，胡可先先生注重新材料與文學的關聯性，榮新江先生注重新材料與域外文化的關聯性，周偉洲先生注重新材料與境內民族的關係，李健超先生注重新文獻中的歷史地理資訊，葛承雍先生注重新材料中的藝術史元素，程章燦先生注重新文獻與金石學義例研究，吳敏霞先生注重地域性新文獻的搜集整理……這個名單還可以繼續開具，我不熟悉的專家的研究視野與面相更多，這裡不一一羅列。[14]

關於碑刻的分類及其作用，程章燦先生將石刻文獻分為七種類型：第一種，墓碑，或者說碑刻。第二種，墓誌。第三種，石經。第四種，題名、題刻。第五種，摩崖。第六種，刻帖。第七種，雜刻。石刻文獻有三種形態：第一種形態是石刻實物本身，第二種形態是拓本，第三種形態則是錄文。他還認為，石刻研究有三個層次（或者說有三個方向）：第一個層次：史料學研究。即把石刻當作一種史料，當作一種文獻。第二個層次：史學研究。是在史料學的基礎上再往前走一步。第三個層次：文化研究。[15]

古人講的金石，今人講的石刻都是較大的概念，自有其理路，我們這裡不作評議。如果我們將其中的志幽文字單獨抽出來，也就是常說的碑記、墓表、墓誌、塔

14 僅由中國文物研究所策劃的《新中國出土墓誌》就有煌煌十九巨冊，由文物出版社從一九九四年開始陸續推出，到二〇〇九年也僅出了河北、河南、陝西、江蘇、重慶、上海、天津等部分省市的出土墓誌。另外，由毛漢光主編《唐代墓誌銘彙編附考》共十八冊，作為史語所專刊推出，也是一項歷時既久、頗見功力的世紀工程。其他專題研究、專項研究的成果更多，參見氣賀澤保規《新版唐代墓誌所在總合目錄》（東京：汲古書院，二〇〇九年增訂版），及陳尚君〈氣賀澤保規《新版唐代墓誌所在總合目錄》出版以來新發表唐代墓誌述評〉（收入陳尚君《貞石詮唐》，上海：復旦大學出版社，二〇一六年），此處不一一羅列。

15 程章燦〈石刻研究的基本問題〉，《湖南科技學院學報》，二〇一五年第七期，又見微信公眾號「程門問學」。

銘之類，單獨從考古學、金石學或文獻學任何一個學科來規範限定，都未免過於狹窄。通過對墓誌的考察整理，我認為有必要正面思考和關注古人對冥界的布置與經營，古人將他們在人世間取得的文明成果用於對自己或祖先在冥界安息之所的營構，同時竭力鑿通對天界的想像和夢想，從廣譜的交叉科學角度來進行挖掘和研究，至少涉及到以下五個領域及其相關學科：

一是生命倫理學。唐代墓誌的生命理念從陰陽兩隔到生死仙三界的打通，墓誌設立從權貴專享到全民普配，墓誌文體從整飭呆板到自由多樣，二百多年有很多變化。但也有一直不變的，這就是對生命的各種詠歎和對亡靈世界的多樣懸想、猜測、幻視。如果說，對墓主人去世前的治療、陪護是屬於臨終關懷的話，那麼，在去世後的卒葬環節的禮儀、每年歲時節令的祭奠緬懷，就應該是終後關懷。南宋范成大〈重九日行營壽藏之地〉：「家山隨處可行楸，荷鍤攜壺似醉劉。縱有千年鐵門限，終須一箇土饅頭。三輪世界猶灰劫，四大形骸強首丘。螻蟻烏鳶何厚薄，臨風拊掌菊花秋。」[16] 由行經生壙引出對死亡的宗教哲學思考，這種思考的材料既源於《莊子·雜篇·列禦寇》中的感慨，[17] 也有對唐代王梵志打油詩的胎息。[18]

二是遺址景觀學。墓地與陵寢首先涉及到選址，其次涉及到營造，主要與堪輿學相關，但地面矗立或隆起的堆土及建築，地下空間的開拓，冥物擺放與分布等等，涉及到景觀學、建築學、儀式學，既豐富也複雜。《大唐開元禮》對百官墓田規模及墓上建築有具體規定：「凡百官葬，墓田：一品方九十步，墳高一丈八尺；二品方八十步，墳高一丈六尺；三品方七十步，墳高一丈四尺；四品方六十步，墳高一丈二尺；五品方五十步，墳高一丈；六品以下方二十步，墳不得過八尺。其域及四隅，四品以上築闕，五品以上立土堠，餘皆封塋而已。凡立碑，五品以上螭首龜趺，高不得過九尺。七品以上立碑，圭首方趺，趺上高四尺。其石獸等，三品以上六事，五品以上四事。」[19] 巫鴻認為，當我們單獨討論墓葬中出土的玉器、青銅

---

16 [宋]范成大著、富壽蓀標注《范石湖集》卷二八，第三九〇頁，上海：上海古籍出版社，二〇〇六年。

17 《莊子．雜篇．列禦寇》：「莊子將死，弟子欲厚葬之。莊子曰：『吾以天地為棺槨，以日月為連璧，星辰為珠璣，萬物為齎送。吾葬具豈不備邪？何以加此！』弟子曰：『吾恐烏鳶之食夫子也。』莊子曰：『在上為烏鳶食，在下為螻蟻食，奪彼與此，何其偏也。』以不平平，其平也不平；以不徵徵，其徵也不徵。明者唯為之使，神者徵之。夫明之不勝神也久矣，而愚者恃其所見入於人，其功外也，不亦悲夫！」（[晉]郭象注、[唐]成玄英疏《南華真經注疏》卷十，第六〇〇頁，北京：中華書局，一九九八年。）

18 王梵志詩〈城外土饅頭〉：「城外土饅頭，餡草在城裡。一人吃一箇，莫嫌沒滋味。」（[唐]王梵志著、張錫厚校輯《王梵志詩校輯》，第一九九頁，北京：中華書局，一九八三年。）又〈世無百年人〉：「世無百年人，強作千年調。打鐵作門限，鬼見拍手笑。」（《王梵志詩校輯》，第一九五頁。）

19 《大唐開元禮》卷三，第三四頁，北京：民族出版社，二〇〇〇年。

器、畫像磚石等等時，它們作為一個墓葬的整體性意義便也彌散掉了。他從空間性、物質性、時間性三個比較觀念性的角度，闡釋了中國墓葬藝術從史前一直到宋遼金這漫長時段中的歷史變遷，也具體呈現了他嘗試建立的一套系統地處理和理解考古材料的理論方法，從而生動地向我們展示出中國古人對於「生」與「死」這一人生基本問題的看法和實踐。[20]

三是喪葬人類學。喪時與葬時，喪地與葬地，權厝之地與永葬之地，在古代既涉及制度的規定，又與禮俗習慣相關。

《論語．為政》：「子曰：生，事之以禮；死，葬之以禮，祭之以禮。」[21]《荀子．禮論》：「禮者，謹於治生死者也。生，人之始也；死，人之終也。終始俱善，人道畢矣。故君子敬始而慎終。終始如一，是君子之道，禮義之文也……故喪禮者，無它焉，明死生之義，送以哀敬而終周藏也。故葬埋，敬藏其形也；祭祀，敬事其神也；其銘誄繫世，敬傳其名也。事生，飾始也；送死，飾終也。終始具而孝子之事畢，聖人之道備矣。」[22]《通典》中具體記錄了墓誌石在葬禮過程的順序：「陳器用：啟之夕，發引前五刻，搥一鼓為一嚴。陳布吉凶儀仗，方相、誌石、大棺車及明器以下，陳於柩車之前。」「器行序：徹遺奠，靈車動，從者如常，鼓吹振作而行。先靈車，後次方相車，次誌石車，次大棺車，次輴車，次明器輿，次下帳輿，次米輿，次酒脯醢輿。」[23] 故有學者稱中古的喪葬禮俗與制度是「終極之典」。[24]

四是圖繪現象學。指碑刻上的圖案、紋飾、字體、字型大小、色彩，壁畫及其他明器上的相關圖繪，[25] 還有獨具特色的書法，以及由此形成的書法流派。僅就唐墓壁畫題材而言，王仁波分為儀仗、社會生活、狩獵、生產、建築、星象、四神等七類。[26] 李星明則分為兩類：一是表現貴族宅邸（或宮苑）的現實性圖像系統，另一是表現宇宙時空的宇宙圖像和表示升仙、吉祥或厭勝的神瑞圖像所構成的圖像系

---

20 巫鴻《黃泉下的美術：宏觀中國古代墓葬》，第七頁，北京：生活．讀書．新知三聯書店，二〇一〇年。

21 [清]阮元校刻《十三經注疏．論語注疏》卷二，第五三四六頁，北京：中華書局，二〇〇九年。

22 [清]王先謙撰《荀子集解》卷十三，第三五八—三五九頁、第三七一頁，北京：中華書局，一九八八年。

23 [唐]杜佑撰《通典》卷一三九〈禮〉九九〈開元禮纂類〉三四〈凶禮〉六，第三五三六頁—第三五三九頁，北京：中華書局，一九八八年。

24 吳麗娛《終極之典：中古喪葬制度研究》（全二冊），北京：中華書局，二〇一二年。

25 林聖智〈中國中古時期的墓葬空間與圖像〉，收入顏娟英主編《中國史新論（美術考古分冊）》，臺北：聯經出版公司，二〇一〇年。

26 王仁波〈隋唐時期的墓室壁畫〉，收入《中國美術全集．繪畫編》十二《墓室壁畫》，第二一—三四頁，北京：文物出版社，一九八九年。

統。[27]康有為從書法學的角度談之所以尊碑的五大理由：「尊之者，非以其古也，筆畫完好，精神流露，易於臨摹，一也；可以考隸楷之變，二也；可以考後世之源流，三也；唐言結構，宋尚意態，六朝碑各體畢備，四也；筆法舒長刻入，雄奇角出，迎接不暇，實為唐宋之所無有，五也。有是五者，不亦宜於尊乎？」[28]近年來在西安及其周邊新出的包括粟特人在內的外族人墓誌、塔銘，形制更複雜，內容更豐富，引起藝術史界的濃厚興趣，也產生了不少有意義的成果。

五是碑刻文獻學。有人又稱作石刻文獻學，但後者外延應該更寬。這方面大家談得很多了，成果也很豐盛，故這裡從略。

從這樣宏闊廣域的視野看墓誌或石刻文獻乃至傳統的金石學，我們已經做的工作及其開拓，還是太少，有些似乎才剛剛起步。張懷瓘《書議》：「夫翰墨及文章，至妙者皆有深意，以見其志，覽之即令了然。若與面會，則有智昏菽麥，混白黑於胸襟；若心悟精微，圖古今於掌握。玄妙之意，出於物類之表；幽深之理，伏於杳冥之間。豈常情之所能言，世智之所能測。非有獨聞之聽，獨見之明，不可議無聲之音、無形之相。」[29]

墓誌碑碣的研究雖是小道，但它涉及到古人對冥界立體多元的規劃設計和營造製作，既有觀念層面的，又有技術層面和材料層面的，還有藝文美術層面的，與現代廣域的宗教學、人文學、社會科學、技術科學、材料科學息息相關，關涉「古今學術史之通義」的「大事因緣」。[30] 對於有志於從事人文學科的研究者而言，廣闊天地，大有作為。

四

啟功先生評述包世臣的《藝舟雙楫》時說道：「橫掃千軍筆一枝，藝舟雙楫妙文辭。無錢口數他家寶，得失安吳果自知。」[31] 啟先生肯定了包世臣的書論而挖苦其書藝，以啟先生的資歷與成就，當然有資格臧否前人。

這裡擬提及另外一個更技術性的問題，即碑刻的作偽與辨偽問題。較新的成果

27 李星明《唐代墓室壁畫研究》，第一二八—一三六頁，西安：陝西人民美術出版社，二〇〇五年。
28 《廣藝舟雙楫疏證》尊碑第二，第一五頁。
29 張懷瓘《書議》，收於陳尚君輯校《全唐文補編》卷三九，第四七三頁，北京：中華書局，二〇〇五年。
30 這兩個概念分別見陳寅恪〈陳垣《敦煌劫餘錄》序〉及〈馮友蘭《中國哲學史》下冊審查報告〉，收入《金明館叢稿二編》，分別見第二六六頁、第二八二頁，北京：生活．讀書．新知三聯書店，二〇〇一年。
31 《論書絕句》二十，第四二頁。

有劉大新、海國林著《碑帖拓本辨偽》一書，[32] 該書第一部分專列碑帖鑒定內容和要領、碑帖拓本真與偽的鑒別兩節。但該書的重點在於討論拓本，其實作偽與辨偽還有另外一個方面，那就是原石（原碑、原誌）的作偽與辨偽。清人陳介祺談金石辨偽時曾說：「古學之長，必折衷於理，博而不明，不能斷也。辭賦之勝，亦必以理；漢學之雜，必擇以理。讀古人之字，不可不求古人之文；讀古人之文，不可不求古人之理，不可專論其字。竊嚮往之而愧未能也。」[33] 求其字已經不易，求其理更不容易。何況這不僅僅是講原理的問題，而是一件一件鑒別原物的問題，既考驗學人的識見，也檢測學人的手眼。既需要物理儀器和化學分析，也需要學人的綜合實力。晚近以來，與新出土文獻相關的幾件事，如二十世紀七十年代的《坎曼爾詩箋》辨偽，[34] 以及最近仍在討論的〈李訓墓誌〉真偽，[35] 都不好架空高論，應該就具體案例、具體問題，作具體分析。鄭良樹《古籍辨偽學》一書曾述及：「踏入五十年代，特別是晚近一、二十年，古籍辨偽學似乎有朝轉另一個新方向的趨勢——平實、嚴密及謹慎。儘管產生了另一種現象——若干偽託的古書被『平反』，若干傳統的說法被肯定，看來似乎趨向『保守』和『退步』……不過，細心考察了他們辨偽的態度和方法後，我們與其說是對今文學派及古史辨學派有所不滿而產生的一種反動，毋寧說是學術由粗而細，由疏而密，由泛而精的一種進步趨勢，是一種可喜的徵兆。」「今日學術界如果能順此大勢，以平實的態度，嚴密的方法，謹慎的論斷及周備的論證來處理古籍真偽的問題，則我浩瀚古籍幸甚矣」。[36] 鄭先生討論的重點是傳世文獻，其實對於新出文獻也應作如是觀。

藐予後學，藝能既無，學識又譾陋，自知屬於「輇材末學」。之所以對此專案念茲在茲，不避愚鈍，實因機緣湊巧，地不愛寶，天降斯任。雖拖延再三，然終未能棄。金啟孮先生曾說：「余所以孜孜為此，頗有心為未來學者斬棘披荊，而無意與當代方家爭光競耀。蓋人所能者我不必以不能為愧，我致力處亦不必因人之不屑為

32 劉大新、海國林著《碑帖拓本辨偽》，北京：學苑出版社，二〇〇九年。
33 [清]陳介祺著，陳繼揆整理《簠齋鑒古與傳古・辨偽分論》，第三一頁，北京：文物出版社，二〇〇四年。
34 參見楊鐮〈《坎曼爾詩箋》辨偽〉，《文學評論》，一九九一年第三期。以及劉重來〈一樁蒙蔽了史學大師的作偽事件——《坎曼爾詩箋》現形記〉，《博覽群書》，一九九三年第七期。
35 參見辛德勇〈由「打虎武松」看日本國朝臣備的真假〉，中國經營網，二〇二〇年一月一三日。
36 鄭良樹著《古籍辨偽學》，第二〇九—二一九頁，臺北：學生書局，一九八六年。

差，蓋學術與一時風尚不必盡同也。」[37]金先生的話雖樸實，然暗合中外學術發展之規律，置於當下學界，不啻洪鐘巨響，能否警醒世人，不敢妄言，但實慰我心。

前文已經反覆致意，因陰陽兩隔，幽明不同，逝者已歿，令其長眠安臥，是生者的責任和義務。此即《葬經》所謂：「葬者，藏也，乘生氣也。」[38]但滄海桑田，陵谷巨變。天不吝寶，人欲洶湧。我們這一代人雖然能比乾嘉諸老看到更多的本應祕藏冥府的志幽文字，過分炫耀搶救性及善後性的工作，並將破解古人所設機巧視為重大的發現發明，究竟是幸焉，抑或不幸焉？[39]我不能言。但既然已經出土，我們有責任盡量收集保護，並略作粗淺解說，以便最大程度上減輕我們的愧疚與罪愆。我個人及本書所能做的，也僅僅如此而已。

二〇一九年十月二十一日

草於臺中國光路中興大學學人旅舍

37 金啟孮《清代蒙古史札記》序，呼和浩特：內蒙古人民出版社，二〇〇〇年。

38 [晉]郭璞著，吳元音注《葬經箋注》，第一頁，北京：中華書局，一九九一年。

39 羅新〈新出墓誌與現代學術倫理〉（見《南方週末》二〇〇八年三月六日第二四版）也談及此點，並且上升到學術倫理的高度來討論，可惜羅文是我最近才從網上讀到。我自己在二〇一三年大唐西市石刻文獻學術研討會議的發言中也意識到此點，文收入拙著《課比天大》，北京：生活・讀書・新知三聯書店，二〇一四年。

新發現唐初樂律學家祖孝孫墓誌釋讀

陝西榆林市榆陽區古代碑刻藝術博物館新收藏了唐初樂律學家祖孝孫的墓誌，有蓋，高六十釐米，長六十釐米，厚五釐米。墓蓋題為〈大唐故太常寺衛尉卿祖君墓誌之銘〉，篆書。墓誌銘高五十九釐米，長五八點三釐米，厚十點七釐米。墓誌銘題為〈唐故太常少卿上騎都尉范陽男祖君墓誌銘〉。本墓誌對祖孝孫生平、祖孝孫家世等有較詳細的記述，可以補傳世史料之不足，對唐初政治及文化的瞭解，包括深化祖孝孫研究都有重要意義。筆者不揣譾陋，據見聞所及，整理公布如下，敬請八方賢達指正。

一、祖孝孫墓誌銘錄文

唐故太常少卿上騎都尉范陽男祖君墓誌銘」

君諱孝孫，字德懋，涿郡范陽人也。昔賢臣作訓，懋德著於匡殷，上將治戎，鴻勳光於」冀晉，故能播英聲於簡素，誓功業於山河。自斯厥後，異人世出。曾祖瑗，魏東魯二郡」太守，鍾離侯，祖遵，魏衛將軍、右光祿大夫、淮川公，並德高時譽，望重國華，紫蓋連陰，」朱輪結軌。父崇儒，齊司州別駕、散騎常侍，聘周使，隨民部侍郎、淮川男。繼好上國，方」見轔軒之重；攝職南宮，始覿握蘭之貴。君幼挺岐嶷之姿，夙表老成之譽，譬巨鱗縱」壑，不俟窮瀆之波；逸翮摶空，無假積風之力。言成世範，聲冠於陳藩；德為人師，望隆」於鍾晧。究儒墨之雅誥，盡流略之菁華，掞藻麗於文場，摛辯光於講肆。能窮六藝，德」備四科，為周行之羽儀，寔人倫之模楷。釋褐隨協律郎，尋轉益州摠管府司法，仍除」北絳縣令，俄遷侍御史。文紀省俗，威重埋輪。仲康宰民，績彰馴雉。屬時屯世，故禮壞」樂崩。鐏俎絕揖讓之儀，鐘律乖終始之序。大唐斷鼇練石，崇立極之功；戡禍靜亂，興」定鼎之業。緝升降之墜典，繼韶夏之遺章。特辟君為著作郎，加上騎都

〈祖孝孫墓誌銘〉誌蓋

〈祖孝孫墓誌銘〉原石

尉，尋轉選部」郎中，檢校天策府從事中郎，載筆汗簡，獨步蘭臺，激濁揚清，高視禮閣。武德六年，以」公事出為登州別駕，未幾，追還入京，除太常丞，尋加范陽男，隨班例也。頃之，遷吏部」侍郎，辯華素於九流，忝銓品於八坐，朝有得賢之頌，野無遺才之譏，雅操則跨躡巨」源，清通則錙銖州則。俄遷太常少卿。昔魯卿哥豳，吳札但稱其美；周王遷舞，鄭伯唯」知其亡。未若君從政秩宗，典斯金石，邁杜生之逸軌，超制氏之高蹤。遂使八音克諧，」五聲調韻，儀威鳳於丹穴，降僊鶴於赤霄。當今日月光華，天地貞觀。自應披圖案牒，」草方丘之儀；覃思含豪，奏升平之頌。豈謂歲躔辰巳，與康成而共終；夜夢瓊瓌，將聲」伯而俱逝。貞觀五年十一月十三日，寢疾薨於私第，春秋七十。昔西朝佐命秦中，有」蕭相國之墳，東漢名臣洛下，有劉太尉之墓；思歸反葬，非達士之良規；魂無不之，得」高人之深趣。所以君雖鄉居河朔，今乃安厝關西。即以六年歲次壬辰二月乙酉朔」十八日壬寅，遷窆於雍州萬年縣少陵原，禮也。惟公機神朗悟，器宇凝深，齊小大於」莊生，混榮辱於老氏。雖爵隆忻瑞，每留賞於林泉；位重搢紳，尚遊心於其潁。才兼文」質，氣足淩雲，學擅儒玄，辯堪忻角。但川流東注，閱逝水而興悲，日御西馳，愒落暉而」增歎。恐春秋迭代，陵谷替遷，用播芳猷，勒茲貞礎。庶平陵之外，永識朱游之墳；東都」之前，長表滕公之室。乃為銘曰：」

洪源眇邈，茂緒綿長。績彰輔晉，功成翼商。允文允武，為寵為光。門傳卿相，世綰銀黃。」高陽貴里，寔生才子。溫潤珪璋，芬芳蘭芷。網羅儒墨，抑揚文史。裡栢表威，紘哥流美。」時逢興運，異人挺出。藻鏡九流，協和六律。履仁籍信，金相玉質。丹組承風，玄冠曜日。」鐘漏易窮，人世俄度。形歸真宅，魂遊太素。荒誕積草，山門擁霧。古往今來，同悲斯路。」

二、關於祖氏的世系、家世等記載

〈祖孝孫墓誌銘〉提及祖氏的世系與家世說：「君諱孝孫，字德懋，涿郡范陽人也。昔賢臣作訓，懋德著於匡殷，上將治戎，鴻勳光於冀晉。故能播英聲於簡素，誓功業於山河。自斯厥後，異人世出，曾祖瑗，魏東魯二郡太守，鍾離侯，祖遵，魏衛將軍、右光祿大夫、淮川公，並德高時譽，望重國華，紫蓋連陰，朱輪結軌。父崇儒，齊司州別駕、散騎常侍，聘周使，隨民部侍郎、淮川男，繼好上國，方見轔軒之重；攝職南宮，始覩握蘭之貴。」

比較《舊唐書》卷七九〈祖孝孫傳〉的記載：「祖孝孫，幽州范陽人也。父崇儒，以學業知名，仕至齊州長史。孝孫博學，曉曆算，早以達識見稱。」[1]僅出現其父親祖崇儒，而對其曾祖、祖父均未提及。

考《元和姓纂》卷六祖氏：「子姓，殷後。殷王祖甲、祖乙、祖丁，支庶因氏焉。殷有祖己、祖伊。漢有祖所，治家涿郡。范陽祖太沂裔孫訥，祖逖生約，並見《晉書》。後漢太常邈，十三代孫詢、禕。詢元孫晉義陽太守耶，訥從祖弟也。玄孫曠，廷尉卿，生溫、敏。溫生紹，紹生慶，曾孫崇儒，北齊鴻臚卿、臨川公，生孝孫、孝基、孝壽。孝孫，唐吏部郎中、太常少卿，生光。孝基，給事中、司農少卿。孝壽孫流謙，祕書郎。順五代孫德諱，撫州刺史，生敏。敏生季真，後魏鉅鹿太守；生瑩，右僕射；生孝徵，北齊左僕射；生君彥。」[2]對祖氏源流有較多的敘述，但祖溫這一支仍有很多缺漏。〈祖孝孫墓誌銘〉追述到曾祖父祖瑗、祖父祖遵，

1 《舊唐書》第八冊，卷七九〈祖孝孫傳〉，第二七〇九頁，北京：中華書局點校本，一九七五年。
2 林寶撰，岑仲勉校記《元和姓纂》（附四校記）第二冊，第九四七頁，北京：中華書局，一九九四年。

並對曾祖、祖父的功業仕進也記錄很詳細。對傳世文獻中缺漏的祖孝孫曾祖、祖父資訊，〈祖孝孫墓誌銘〉應該是第一手資料，故其不僅有益於樂律學家祖孝孫的研究，也可以為家族史研究增添可靠的新材料。

關於其父祖崇儒，〈祖孝孫墓誌銘〉述及：「父崇儒，齊司州別駕、散騎常侍，聘周使，隨民部侍郎、淮川男，継好上國，方見轔軒之重；攝職南宮，始覩握蘭之貴。」但《北齊書》卷三九〈祖珽傳〉謂：「珽族弟崇儒，涉學有辭藻，少以幹局知名。武平末，司州別駕、通直常侍。入周，為容昌郡太守。隋開皇初，終宕州長史。」[3]可以與墓誌及祖孝孫本傳互補。唯《北齊書》、《北史》中提及此祖崇儒是祖珽的「族弟」，以命名序輩考證，祖珽字孝徵，其弟有孝隱，應該與孝孫是同輩，《北齊書》是唐初李百藥主撰，應與祖氏家族有交往，何以有此問題？因為本文題旨所限，僅提出問題，暫不討論。

有學者曾據《元和姓纂》的材料，列出祖氏的世系，[4]但這個世系表也有不少值得商確處，因為論題所限，本文從略，亦不加討論。

又，《舊唐書》本傳等傳世史料沒有記載祖孝孫的生年及壽數，但〈墓誌銘〉有詳細的記載：「貞觀五年十一月十三日，寢疾薨於私第，春秋七十。」據卒年貞觀五年（六三二），享年七十來逆推，其生年應該是北齊太寧二年（五六二）。

〈祖孝孫墓誌銘〉中特別強調祖孝孫的卒葬地：「昔西朝佐命秦中，有蕭相國之墳；東漢名臣洛下，有劉太尉之墓。思歸反葬，非達士之良規；魂無不之，得高人之深趣。所以君雖鄉居河朔，今乃安厝關西。即以六年歲次壬辰二月乙酉朔十八日壬寅，遷窆於雍州萬年縣少陵原，禮也。」

按《元和姓纂》卷六祖氏條下有「京兆」房支：「狀稱與范陽同出沂後。魏有祖平，從孝武入關，官至武州刺史，生大通。大通生孝義。元規、元軌。元規生莊，莊生夙成，殿中御史，夙成生自虛。元軌，疊州刺史。大通次子孝紀，生穎，主客員外。穎生愔，司階。愔生詠，有才名，修《武德實錄》。」[5] 對照《舊唐書》

3 《北齊書》第一冊，卷三九〈祖珽傳〉，第五一二頁，北京：中華書局點校本，一九七二年。又《北史》卷四七〈祖瑩傳〉附傳同（《北史》卷四七〈祖珽傳〉，第一七四五頁，北京：中華書局點校本，一九七四年；記載與《北齊書・祖珽傳》相同），也說道：「珽族弟崇儒，涉學有辭，少以幹局知名。武平末，位司州別駕、通直常侍。入周，爲容昌郡太守。隋開皇初，終宕州長史。」

4 孫曉輝《祖孝孫的家學和師承研究》，原表缺孝孫的曾祖父祖瑗，祖父祖遵，還有其他一些值得商確的問題。該文見《音樂藝術（上海音樂學院學報）》，二〇〇四年第二期。

5 林寶撰，岑仲勉校記《元和姓纂》（附四校記），第九四九頁，北京：中華書局，一九九四年。

本傳與墓誌銘，似乎祖孝孫雖然卒於長安，遷窆於萬年縣少陵原，但與京兆房支還是有別。

但是，據此可以看出中古山東著姓的祖氏一支，在南北朝迄隋唐時期遷徙流動的一些潛轉暗換的消息。墓誌銘中用西漢的蕭何、東漢的劉寬遷葬，來類比祖孝孫的遷葬：「君雖鄉居河朔，今乃安厝關西。」蕭何是沛郡豐邑（今江蘇豐縣）人，但其卒後陪葬在漢高祖的長陵旁。劉寬是弘農華陰人，生前寬宏大量，死後葬於洛陽，因為門生故吏弔唁慰問，隨份子的人很多，在墓碑的背後記錄下來，竟達上百人，此即有名的〈劉寬碑陰〉。[6]

〈祖孝孫墓誌銘〉對祖孝孫的任職遷轉也有較詳細的記載：「釋褐隨協律郎，尋轉益州捴管府司法，仍除北絳縣令，俄遷侍御史……特辟君為著作郎，加上騎都尉，尋轉選部郎中，檢校天策府從事中郎……武德六年，以公事出為登州別駕，未幾，追還入京，除太常丞，尋加范陽男，隨班例也。頃之，遷吏部侍郎……俄遷太常少卿……貞觀五年十一月十三日，寢疾薨於私第，春秋七十……所以君雖鄉居河朔，今乃安厝關西，即以六年歲次壬辰二月乙酉朔十八日壬寅，遷窆於雍州萬年縣少陵原，禮也。」

據此新材料，參酌其他傳世文獻可以列出祖孝孫的任職簡歷：釋褐隋協律郎，轉益州總管府司法，除北絳縣令，遷侍御史，辟為著作郎，加上騎都尉，轉選部郎中，檢校天策府從事中郎，出為登州別駕，除太常丞，加范陽男，遷吏部侍郎，遷太常少卿。

根據墓誌銘，並參酌相關文獻，還可以列出祖孝孫的生平履歷簡表：

祖孝孫，字德懋，涿郡范陽人。曾祖父祖瑗，祖父祖遵，父祖崇儒。

> 〈祖孝孫墓誌銘〉：「君諱孝孫，字德懋，涿郡范陽人也……曾祖瑗……祖遵……父崇儒。」

北齊太寧二年（五六二）生。

> 〈祖孝孫墓誌銘〉：「貞觀五年十一月十三日，寢疾薨於私第，春秋七十。」據卒年貞觀五年（六三一），享年七十逆推，祖孝孫生年是北齊太寧二年（五六二）。

6 《後漢書》卷二五〈劉寬列傳〉，第八八六—八八九頁，北京：中華書局點校本，一九六五年。題名見《隸續》卷十二〈劉寬碑陰門生名〉。

隋開皇九年（五八九），釋褐協律郎。轉益州總管府司法、除北絳縣令、遷侍御史。

《舊唐書》卷七九〈祖孝孫傳〉：「初，開皇中，鐘律多缺，雖何妥、鄭譯、蘇夔、萬寶常等亟共討詳，紛然不定。及平江左，得陳樂官蔡子元、于普明等，因置清商署。時牛弘為太常卿，引孝孫為協律郎，與子元、普明參定雅樂。時又得陳陽山太守毛爽，妙知京房律法，布琯飛灰，順月皆驗。爽時年老，弘恐失其法，於是奏孝孫從其受律……又祖述沈重，依淮南本數，用京房舊術求之，得三百六十律，各因其月律而為一部。」[7]

《舊唐書》卷二八〈音樂志〉一：「開皇九年平陳，始獲江左舊工及四懸樂器，帝令廷奏之，歎曰：『此華夏正聲也，非吾此舉，世何得聞。』乃調五音為五夏、二舞、登歌、房中等十四調，賓、祭用之。隋氏始有雅樂，因置清商署以掌之。既而協律郎祖孝孫依京房舊法，推五音十二律為六十音，又六之，有三百六十音，旋相為宮，因定廟樂。諸儒論難，竟不施用。」[8]

辟為著作郎，加上騎都尉，轉選部郎中，檢校天策府從事中郎。

《舊唐書》卷七九〈祖孝孫傳〉：「高祖受禪，擢孝孫為著作郎，歷吏部郎、太常少卿，漸見親委，孝孫由是奏請作樂。」[9]

唐武德六年（六二三），出為登州別駕。未幾，除太常丞，尋加范陽男。遷吏部侍郎。詔令祖孝孫考察傅仁均曆法的得失。俄遷太常少卿。

《新唐書》卷二五〈曆〉一：「（武德）三年正月望及二月、八月朔，當蝕，比不効。六年，詔吏部郎中祖孝孫考其得失。孝孫使算曆博士王孝通以甲辰曆法詰之曰：『……』仁均對曰：『……』孝孫以為然。但略去尤疎闊者。」[10] 案，此條是記錄詔令祖孝孫考察傅仁均《戊寅元曆》的得失，內容又見《舊唐書》卷七九〈傅仁均傳〉。[11] 唯兩處皆作「吏部郎中」，而非「吏部侍郎」。

又，《唐尚書省郎官石柱題名考》卷三〈吏部郎中〉條下「補遺」首位載「祖孝孫」。[12]

7《舊唐書》第八冊，卷七九〈祖孝孫傳〉，第二七〇九頁，北京：中華書局點校本，一九七五年。
8《舊唐書》第四冊，卷二八〈音樂志〉一，第一〇四〇頁，北京：中華書局點校本，一九七五年。
9《舊唐書》第八冊，卷七九〈祖孝孫傳〉，第二七一〇頁，北京：中華書局點校本，一九七五年。
10《新唐書》第二冊，卷二五〈曆〉一，第五三四—五三六頁，北京：中華書局點校本，一九七五年。
11《舊唐書》第八冊，卷七九〈傅仁均傳〉，第二七一一—二七一四頁，北京：中華書局點校本，一九七五年。
12 [清] 勞格、趙鉞著，徐敏霞等點校《唐尚書省郎官石柱題名考》卷三，第九七頁，北京：中華書局，一九九二年。

武德九年（六二六），修定雅樂。

《唐會要》卷三二〈雅樂上〉：「高祖受禪，軍國多務，未遑改創樂府，尚用隋氏舊文。武德九年正月十日，始命太常少卿祖孝孫，考正雅樂。至貞觀二年六月十日，樂成，奏之。」[13]

《通典》卷一四二〈樂〉二：「（貞觀之初）乃命太常卿祖孝孫正宮調，起居郎呂才習音韻，協律郎張文收考律呂，平其散濫，為之折衷。」[14]

《舊唐書》卷七九〈祖孝孫傳〉：「武德七年，始命孝孫及祕書監竇璡修定雅樂。孝孫又以陳、梁舊樂雜用吳、楚之音，周、齊舊樂多涉胡戎之伎，於是斟酌南北，考以古音，作大唐雅樂。以十二月各順其律，旋相為宮，制十二樂，合三十二曲、八十四調。」[15]

《舊唐書》卷八五〈張文瓘傳〉附〈張文收傳〉：「時太宗將創制禮樂，召文收於太常，令與少卿祖孝孫參定雅樂。太樂有古鐘十二，近代惟用其七，餘有五，俗號啞鐘，莫能通者。文收吹律調之，聲皆響徹，時人咸服其妙。尋授協律郎。」[16]

《新唐書》卷二一〈禮樂志〉十一調定樂事為武德九年：「唐興即用隋樂。武德九年，始詔太常少卿祖孝孫、協律郎竇璡等定樂……唐為國作樂之制尤簡，高祖、太宗即用隋樂與孝孫、文收所定而已。其後世所更者，樂章舞曲。」[17]

按：關於修定雅樂的時間，一說「七年修定雅樂」，另一說「九年定樂」，究竟何者為是呢？吉聯抗先生似已經注意到這個差異，他指出《資治通鑑》先在武德九年說：「春，正月，己亥，詔太常少卿祖孝孫等更定雅樂。」（《唐紀七》）後在貞觀二年說：「六月乙酉，孝孫等奏新樂。」（《唐紀八》）據此，他推斷高祖李淵命祖孝孫制定雅樂，當在武德九年春，其完成則在兩年以後，太宗李世民的貞觀二年六月。[18]

檢《唐會要》卷三二〈雅樂上〉，修定雅樂的起訖時間年月日俱全，惜這條材料似乎被學界忽略了，特補入。

---

13 《唐會要》卷三二〈雅樂〉上，第五八八頁，北京：中華書局點校本，一九六〇年。
14 《通典》卷一四二〈樂〉二，第三六二二頁，北京：中華書局點校本，一九八八年。
15 《舊唐書》第八冊，卷七九〈祖孝孫傳〉，第二七一〇頁，北京：中華書局點校本，一九七五年。
16 《舊唐書》第九冊，卷八五〈張文瓘傳〉，第二八一七頁，北京：中華書局點校本，一九七五年。
17 《新唐書》第二冊，卷二一〈禮樂〉十一，第四六〇—四六二頁，北京：中華書局點校本，一九七五年。
18 吉聯抗〈唐初制樂的祖孝孫、張文收和呂才〉，《中國音樂》，一九八四年第三期。

貞觀二年（六二八），六月十日，完成大唐雅樂修定。

參見前面武德九年引《唐會要》卷三二〈雅樂上〉及筆者按語。

貞觀三年（六二九），太宗令祖孝孫增損樂章。

《舊唐書》卷七九〈呂才傳〉：「貞觀三年，太宗令祖孝孫增損樂章，孝孫乃與明音律人王長通、白明達遞相長短。」[19]《新唐書》卷一〇七〈呂才傳〉內容類似，唯時間模糊，又「樂章」作「樂律」：「貞觀時，祖孝孫增損樂律，與音家王長通、白明達更質難，不能決。」[20]

貞觀五年（六三一）十一月十三日，卒。享年七十。

〈祖孝孫墓誌銘〉：「貞觀五年十一月十三日，寢疾薨於私第，春秋七十。」

貞觀六年（六三二）二月十八日，遷窆於雍州萬年縣少陵原。

〈祖孝孫墓誌銘〉：「即以六年歲次壬辰二月乙酉朔十八日壬寅，遷窆於雍州萬年縣少陵原，禮也。」

三、關於祖氏的家學與師承

關於祖氏的家學與師承，黃翔鵬先生提出「范陽祖氏之學」，[21]孫曉輝教授提出「祖氏家學」，[22]當然也有不同的意見，甚至有針鋒相對的觀點。[23]為了能科學準確地理解祖氏家族的這一文化現象，筆者以為，應該從對已有文獻的系統全面梳理入手，而不是停留在概念的攻訐上。

先看祖氏家學。《南史》卷七二〈文學傳〉：「祖沖之，字文遠，范陽遒人也。曾祖台之，晉侍中。祖昌，宋大匠卿。父朔之，奉朝請。沖之稽古，有機思，宋孝武使直華林學省，賜宅宇車服。解褐南徐州從事、公府參軍。始元嘉中，用何承天所制曆，比古十一家爲密。沖之以爲尚疎，乃更造新法，上表言之。孝武令朝士善

19 《舊唐書》第八冊，卷七九〈呂才傳〉，第二七一九—二七二〇頁，北京：中華書局點校本，一九七五年。

20 《新唐書》第一三冊，卷一〇七〈呂才傳〉，第四〇六二頁，北京：中華書局點校本，一九七五年。

21 黃翔鵬〈律學史上的偉大成就及其思想啟示〉附錄二〈中國樂律學史述略〉，見《黃翔鵬文存》，第三九八頁，濟南：山東文藝出版社，二〇〇七年。

22 孫曉輝〈祖孝孫的師承與家學研究〉，《音樂藝術》，二〇〇四年第二期。

23 劉勇〈何為「范陽祖氏之學」？〉，《星海音樂學院學報》，二〇一五年第一期。

曆者難之，不能屈。會帝崩不施行。歷位爲婁縣令，謁者僕射。初，宋武平關中，得姚興指南車，有外形而無機杼，每行，使人於內轉之。昇明中，齊高帝輔政，使沖之追修古法。沖之改造銅機，圓轉不窮，而司方如一，馬鈞以來未之有也。時有北人索馭驎者亦云能造指南車，高帝使與沖之各造，使於樂游苑對共校試，而頗有差僻，乃毀而焚之。晉時杜預有巧思，造欹器，三改不成。永明中，竟陵王子良好古，沖之造欹器獻之，與周廟不異。文惠太子在東宮，見沖之曆法，啓武帝施行。文惠尋薨，又寢。轉長水校尉，領本職。沖之造〈安邊論〉，欲開屯田，廣農殖。建武中，明帝欲使沖之巡行四方，興造大業，可以利百姓者，會連有軍事，事竟不行。沖之解鐘律博塞，當時獨絕，莫能對者。以諸葛亮有木牛流馬，乃造一器，不因風水，施機自運，不勞人力。又造千里船，於新亭江試之，日行百餘里。於樂游苑造水碓磨，武帝親自臨視。又特善算。永元二年卒，年七十二。著《易老莊義》，釋《論語》、《孝經》，注《九章》，造《綴述》數十篇……子暅之。暅之，字景爍，少傳家業，究極精微，亦有巧思。入神之妙，般、倕無以過也。當其詣微之時，雷霆不能入。嘗行遇僕射徐勉，以頭觸之，勉呼乃悟。父所改何承天歷（曆）時尚未行，梁天監初，暅之更修之，於是始行焉。位至太舟卿……暅之子皓，志節慷慨，有文武才略。少傳家業，善算歷（曆）。」[24]

《魏書》卷八二〈祖瑩傳〉：「祖瑩，字元珍，范陽遒人也。曾祖敏，仕慕容垂為平原太守。太祖定中山，賜爵安固子，拜尚書左丞。卒，贈并州刺史。祖嶷，字元達。以從征平原功，進爵為侯，位馮翊太守，贈幽州刺史。父季真，多識前言往行，位中書侍郎，卒於安遠將軍、鉅鹿太守。瑩年八歲，能誦詩書，十二，為中書學生。好學耽書，以晝繼夜，父母恐其成疾，禁之不能止，常密於灰中藏火，驅逐僮僕，父母寢睡之後，燃火讀書，以衣被蔽塞窗戶，恐漏光明，為家人所覺。由是聲譽甚盛，內外親屬呼為『聖小兒』。尤好屬文，中書監高允每歎曰：『此子才器，非諸生所及，終當遠至。』時中書博士張天龍講《尚書》，選為都講。生徒悉集，瑩夜讀書勞倦，不覺天曉。催講既切，遂誤持同房生趙郡李孝怡《曲禮》卷上座。博士嚴毅，不敢還取，乃置《禮》於前，誦《尚書》三篇，不遺一字。講罷，孝怡異之，向博士說，舉學盡驚。後高祖聞之，召入，令誦五經章句，並陳大義，帝嗟賞之。瑩出後，高祖戲盧昶曰：『昔流共工於幽州北裔之地，那得忽有此子？』昶對

24 《南史》第六冊，卷七二〈文學傳〉，第一七七三—一七七五頁，北京：中華書局點校本，一九七五年。

曰：『當是才為世生。』以才名拜太學博士。徵署司徒、彭城王勰法曹行參軍。高祖顧謂勰曰：『蕭賾以王元長為子良法曹，今為汝用祖瑩，豈非倫匹也。』敕令掌勰書記。瑩與陳郡袁翻齊名秀出，時人為之語曰：『京師楚楚，袁與祖；洛中翩翩，祖與袁。』再遷尚書三公郎。尚書令王肅曾於省中詠〈悲平城詩〉，云：『悲平城，驅馬入雲中。陰山常晦雪，荒松無罷風。』彭城王勰甚嗟其美，欲使肅更詠，乃失語云：『王公吟詠情性，聲律殊佳，可更為誦〈悲彭城詩〉。』肅因戲勰云：『何意悲平城為悲彭城也？』勰有慚色。瑩在座，即云：『所有悲彭城，王公自未見耳。』肅云：『可為誦之。』瑩應聲云：『悲彭城，楚歌四面起；屍積石梁亭，血流睢水裡。』肅甚嗟賞之。勰亦大悅，退謂瑩曰：『即定是神口。今日若不得卿，幾為吳子所屈。』……孝昌中，於廣平王第掘得古玉印，敕召瑩與黃門侍郎李琰之令辨何世之物。瑩云：『此是于闐國王晉太康中所獻。』乃以墨塗字觀之，果如瑩言，時人稱為博物……初，莊帝末，尒朱兆入洛，軍人焚燒樂署，鐘石管弦，略無存者。敕瑩與錄尚書事長孫稚、侍中元孚典造金石雅樂，三載乃就，事在〈樂志〉……瑩以文學見重，常語人云：『文章須自出機杼，成一家風骨，何能共人同生活也。』蓋譏世人好偷竊他文，以為己用。而瑩之筆札，亦無乏天才，但不能均調，玉石兼有，製裁之體，減於袁、常焉。性爽俠，有節氣，士有窮厄，以命歸之，必見存拯，時亦以此多之。其文集行於世。子珽，字孝徵，襲。」[25]

《北齊書》卷三九〈祖珽傳〉：「祖珽，字孝徵，范陽遒人也。父瑩，魏護軍將軍。珽神情機警，詞藻遒逸，少馳令譽，為世所推。起家祕書郎，對策高第，為尚書儀曹郎中，典儀注。嘗為冀州刺史万俟受洛制〈清德頌〉，其文典麗，由是神武聞之。時文宣為并州刺史，署珽開府倉曹參軍，神武口授珽三十六事，出而疏之，一無遺失，大為僚類所賞。時神武送魏蘭陵公主出塞嫁蠕蠕，魏收賦〈出塞〉及〈公主遠嫁詩〉二首，珽皆和之，大為時人傳詠……又自解彈琵琶，能為新曲，招城市年少歌舞為娱，遊集諸倡家……會并州定國寺新成，神武謂陳元康、溫子昇曰：『昔作〈芒山寺碑〉文，時稱妙絕，今〈定國寺碑〉當使誰作詞也？』元康因薦珽才學，并解鮮卑語。乃給筆札就禁所具草。二日內成，其文甚麗……珽天性聰明，事無難學，凡諸伎藝，莫不措懷，文章之外，又善音律，解四夷語及陰陽占候，醫藥之術尤是所長。文宣帝雖嫌其數犯憲，而愛其才伎……珽善為胡桃油以塗畫，乃

25《魏書》第五冊，卷八二〈祖瑩傳〉，第一七九八—一八〇〇頁，北京：中華書局點校本，一九七四年。

進之長廣王……珽弟孝隱，亦有文學，早知名。詞章雖不逮兄，亦機警有辯，兼解音律。」[26]

祖氏家族是河北經學世家。《顏氏家訓》卷七〈雜藝篇〉：「算術亦是六藝要事，自古儒士，論天道、定律曆者，皆學通之。然可以兼明，不可以專業，江南此學殊少，唯范陽祖暅精之，位至南康太守，河北多曉此術。」[27]

王昆吾對「洛陽舊樂」有精闢論述：「原由北魏祖瑩據中原舊樂典造。北魏太武帝破平統萬，得古雅樂一部，正聲歌曲五十曲；孝文帝討淮漢，宣武帝定壽春，得江左所傳中原舊曲：〈明君〉、〈聖主〉、〈公莫〉、〈白鳩〉之類，及江南吳歌、荊楚西聲，總謂清商，至於殿庭宴饗兼奏之；到祖瑩典樂的普泰年間，尚有古雜曲、隋調舉之將五百曲。這些大抵就是祖瑩整理音樂時的基礎、營造金石時的依據。北齊時，瑩子祖珽準此創革音樂，雜以西涼之曲，『洛陽舊曲』之名正式成立。隋代著名音樂家萬寶常自幼師於祖珽，開皇初奉詔於宮廷制樂，『修洛陽舊曲』，『所為皆歸於雅』。這一系統，源流有緒，在隋時影響甚大。」[28]

再說師承。文獻中提及祖孝孫先後向陳陽山太守毛爽以及梁博士沈重學習京房律法。

先看師承毛爽。《舊唐書》卷七九〈祖孝孫傳〉：「時又得陳陽山太守毛爽，妙知京房律法，布琯飛灰，順月皆驗。爽時年老，弘恐失其法，於是奏孝孫從其受律。孝孫得爽之法，一律而生五音，十二律而為六十音，因而六之，故有三百六十音，以當一歲之日。」[29]毛爽師傳又可遠溯到京房之律，以及祖暅之的算學、何承天的律學。《隋書》卷十六〈律曆〉上〈候氣〉毛爽自述師承：「臣先人栖誠，學算於祖暅，問律於何承天，沉研三紀，頗達其妙。後為太常丞，典司樂職，乃取玉管及宋太史尺，並以聞奏。詔付大匠，依樣制管。自斯以後，律又飛灰。侯景之亂，臣兄喜於太樂得之……會宣帝崩，後主嗣立，出喜為永嘉內史，遂留家內，貽諸子孫。陳亡之際，竟並遺失。」[30]《通典》卷一四三〈樂〉三：「陳山陽太守毛爽，習京房候氣術。陳亡，祖孝孫學之於爽。周歲之日，日異其律。冬至之日，以黃鐘

26 《北齊書》第二冊，卷三九〈祖珽傳〉，第五一三—五二一頁，北京：中華書局點校本，一九七二年。
27 王利器《顏氏家訓集解》卷七〈雜藝篇〉，第五八七頁，北京：中華書局，一九九三年。
28 王昆吾〈南北文化融合與隋代音樂〉，原載《貴州文史叢刊》，一九八六年第二期，又見《漢唐音樂文化論集》，第四五頁，臺北：學藝出版社，一九九一年。
29 《舊唐書》第八冊，卷七九〈祖孝孫傳〉，第二七〇九頁，北京：中華書局點校本，一九七五年。
30 《隋書》第二冊，卷一六〈律曆〉上，第三九六頁，北京：中華書局點校本，一九七三年。

為宮，林鐘為徵，太蔟為商，南呂為羽，姑洗為角，應鐘為變宮，蕤賓為變徵。隨月異宮，匝歲而復。」31

再看所師承的大儒沈重。《舊唐書》卷七九〈祖孝孫傳〉稱：「又祖述沈重，依淮南本數，用京房舊術求之，得三百六十律，各因其月律而為一部。」32

沈重事蹟見於《周書》卷四五〈儒林傳〉：「沈重，字德厚，吳興武康人也。性聰悟，有異常童。弱歲而孤，居喪合禮。及長，專心儒學，從師不遠千里，遂博覽群書，尤明《詩》、《禮》及《左氏春秋》。梁大通三年，起家王國常侍。梁武帝欲高置學官，以崇儒教。中大通四年，乃革選，以重補國子助教。大同二年，除《五經》博士。梁元帝之在藩也，甚歎異之。及即位，乃遣主書何武迎重西上。及江陵平，重乃留事梁主蕭詧，除中書侍郎，兼中書舍人。累遷員外散騎侍郎、廷尉卿，領江陵令。還拜通直散騎常侍、都官尚書，領羽林監。詧又令重於合歡殿講《周禮》。高祖以重經明行修，迺遣宣納上士柳裘至梁徵之。仍致書曰：『……』又敕襄州總管、衛公直敦喻遣之，在途供給，務從優厚。保定末，重至於京師。詔令討論《五經》，并校定鐘律。天和中，復於紫極殿講三教義。朝士、儒生、桑門、道士至者二千餘人。重辭義優洽，樞機明辯，凡所解釋，咸為諸儒所推。六年，授驃騎大將軍、開府儀同三司、露門博士。仍於露門館為皇太子講論。建德末，重自以入朝既久，且年過時制，表請還梁。高祖優詔答之曰：『開府漢南杞梓，每軫虛衿；江東竹箭，亟疲延首。故束帛聘申，蒲輪徵伏。加以梁朝舊齒，結綬三世，沐浴榮光，祇承寵渥，不忘戀本，深足嘉尚。而楚材晉用，豈無先哲。方事求賢，義乖來肅。』重固請，乃許焉。遣小司門上士楊汪送之。梁主蕭巋拜重散騎常侍、太常卿。大象二年，來朝京師。開皇三年，卒，年八十四。隋文帝遣舍人蕭子寶祭以少牢，贈使持節、上開府儀同三司、許州刺史。重學業該博，為當世儒宗。至於陰陽圖緯，道經釋典，靡不畢綜。又多所撰述，咸得其指要。其行於世者，《周禮義》三十一卷、《儀禮義》三十五卷、《禮記義》三十卷、《毛詩義》二十八卷、《喪服經義》五卷、《周禮音》一卷、《儀禮音》一卷、《禮記音》二卷、《毛詩音》二卷。」卷末史臣評論說：「史臣每聞故老，稱沈重所學，非止《六經》而已。至於天官、律曆、陰陽、緯候，流略所載，釋老之典，靡不博綜，窮其幽賾。故能馳聲海內，

31 《通典》第四冊，卷一四三〈樂〉，第三六四六—三六四七頁，北京：中華書局點校本，一九八八年。
32 《舊唐書》第八冊，卷七九〈祖孝孫傳〉，第二七〇九頁，北京：中華書局點校本，一九七五年。

為一代儒宗。雖前世徐廣、何承天之儔，不足過也。」[33]

又，《隋書》卷七五〈儒林傳〉：「吳興沈重名為碩學，高祖嘗令彥之與重論議，重不能抗，於是避席而謝曰：『辛君所謂金城湯池，無可攻之勢。』高祖大悅。」[34]

可見，家學在兩漢時期是指經學在家族內部的傳承以及師弟子間的傳授。魏晉南北朝以來，中原板蕩，天下大亂，士人為了家族延續，希望能有用於時務，與時俱變，除了傳承經學，也修習包括軍戎戰陣、文史、術數、律曆、星占等藝能。特別是在北方異民族統治下，除了傳承文化外，也不乏迎合執政者需求，故包括祖氏家族成員在內的士人，其展示出的素養較全面，技能也是多方面的。與中唐以後出現的寒庶階層、百工之家以某種絕技奇能傳家炫世，是完全不同的。士族之家的家學側重的是素質學養，而百工之家的家學才可能是技巧、技術。[35]

《舊唐書》卷七〇〈王珪傳〉有一條關於祖孝孫的材料，很能說明這種學理與技能的差別：「時太常少卿祖孝孫以教宮人聲樂不稱旨，為太宗所讓。珪及溫彥博諫曰：『孝孫妙解音律，非不用心，但恐陛下顧問不得其人，以惑陛下視聽。且孝孫雅士，陛下忽為教女樂而怪之，臣恐天下怪愕。』太宗怒曰：『卿皆我之腹心，當進忠獻直，何乃附下罔上，反為孝孫言也！』彥博拜謝，珪獨不拜。」[36]

對這條材料，從事音樂史研究者頗感犯難，不知該如何為祖孝孫辯解。其實祖氏的專長是樂理樂律，但「教宮人聲樂」重在演出實踐，祖氏不一定擅長教習女樂這類技能，教不得法，效果不理想，故惹皇帝不高興，埋怨王珪等，認為他們的舉薦有問題。

《唐會要》卷五八〈尚書省諸司中〉的另一條材料，將這種差別說得更透徹：「其年，太宗謂侍臣曰：『人皆以祖孝孫為知音，今其所教聲曲，多不諧音韻，此猶未至精妙。人亦以許崇為良醫，全不識藥性。』尚書右丞魏徵對曰：『陛下生平不愛音聲。今忽為教女樂差舛責孝孫，臣恐天下怪愕。』上怒曰：『卿是朕腹心。應須進忠直，何乃附下罔上，為孝孫分疏？』彥博等拜謝。徵與王珪進曰：『祖孝孫學問立身，乃何如白明達？陛下平生禮遇孝孫，復何如白明達？今過聽一言，便

33 《周書》第三冊，卷四五〈儒林傳〉，第八〇八—八一九頁，北京：中華書局點校本，一九七一年。

34 《隋書》第六冊，卷七五〈儒林傳〉，第一七〇九頁，北京：中華書局點校本，一九七三年。

35 關於藝能百工之家的技藝傳承，參見李浩〈新發現唐代刻石名家邵建和墓誌整理研究〉，原刊《文獻》二〇一八年第六期，修改稿收入本書。

36 《舊唐書》第八冊，卷七〇〈王珪傳〉，第二五二八頁—二五二九頁，北京：中華書局點校本，一九七五年。

謂孝孫可疑，明達可信。臣恐群臣眾庶，有以窺陛下者。』上意乃解。」[37] 魏徵、王珪等共同為祖孝孫辯解，強調祖是以「學問立身」，與白明達等技能之士是不同的，唐太宗也認可這種解釋。

綜上所述，祖氏家學傳承有序，且能轉益多師，祖氏家學及祖氏家族成員的學術修養是多方面的。僅就音樂而言，北魏的永熙議樂有祖瑩，北齊的洛陽舊樂有祖珽，隋代的開皇議樂及唐初的貞觀議樂，祖孝孫不但參加了，而且扮演了重要的角色。可以說，南北朝至唐初的重要音樂文化活動，都有祖氏家族成員的身影。

四、關於祖孝孫的樂學與樂律學貢獻

關於音樂學方面的成就，〈祖孝孫墓誌銘〉記述道：

> 俄遷太常少卿，昔魯卿哥豳，吳札但稱其美。周王遷舞，鄭伯唯知其亡。未若君從政秩宗，典斯金石，邁杜生之逸軌，超制氏之高蹤。遂使八音克諧，五聲調韻，儀威鳳於丹穴，降僊鶴於赤霄。當今日月光華，天地貞觀自應，披圖案牒，草

方丘之儀；覃思含豪，奏升平之頌。豈謂歲躔辰巳，與康成而共終；夜夢瓊瓌，將聲伯而俱逝……網羅儒墨，抑揚文史。裡栢表威，絃哥流美。時逢興運，異人挺出。藻鏡九流，協和六律。

以音樂史上季札觀樂、鄭伯知舞，以及杜夔紹復古樂、制氏等來喻指祖氏的音樂成就。其中季札觀樂、鄭伯知舞的故事較常見，此略。

「杜生」指漢末三國時期的樂律學家杜夔。《三國志》卷二九〈杜夔傳〉：「夔善鐘律，聰思過人，絲竹八音，靡所不能，惟歌舞非所長。時散郎鄧靜、尹齊善詠雅樂，歌師尹胡能歌宗廟郊祀之曲，舞師馮肅、服養曉知先代諸舞，夔總統研精，遠考諸經，近采故事，教習講肄，備作樂器，紹復先代古樂，皆自夔始也。」[38] 簡言之，杜夔的主要音樂成就是「紹復先代古樂」，這一成就在「董卓之亂，正聲咸蕩」[39] 的背景下顯得更加難能可貴。祖孝孫在隋代開皇樂議的紛爭之中，恢復了早已失傳的旋宮之法，且在其後主持唐代修樂的過程中將其付諸於實踐，從律學的貢

37 《唐會要》卷五八，第九九七頁，北京：中華書局點校本，一九六〇年。
38 《三國志》第三冊，卷二九〈杜夔傳〉，第八〇六頁，北京：中華書局點校本，一九五九年。
39 《隋書》第二冊，卷十三〈音樂志〉上，第二八六頁，北京：中華書局點校本，一九七三年。

獻來看，說祖孝孫超越了杜夔應該是沒有任何疑問的。

制氏，漢代以來多代指樂家。《漢書》卷二二〈禮樂志〉：「漢興，樂家有制氏，以雅樂聲律世世在大樂官，但能紀其鏗鎗鼓舞，而不能言其義。」[40] 又，《漢書》卷三十〈藝文志〉：「漢興，制氏以雅樂聲律，世在樂官，頗能紀其鏗鏘鼓舞，而不能言其義。六國之君，魏文侯最為好古，孝文時得其樂人竇公，獻其書，乃《周官·大宗伯》之〈大司樂〉章也。武帝時，河間獻王好儒，與毛生等共采《周官》及諸子言樂事者，以作《樂記》，獻八佾之舞，與制氏不相遠。」[41] 據此知，制氏以代代相傳的音樂技藝努力保持先秦時期的原貌，制氏之「高蹤」，不僅僅是指他們嫻熟的音樂表演技藝，更為難得的是他們保持著古樂的原貌。也就是說，祖孝孫恢復古樂，從音樂表演的實踐來看，超過了世代技藝相傳的制氏。這是對祖孝孫恢復古樂之成效的肯定性評價，這一評價到清代仍有回應：「光地亦稱祖孝孫特有遠識，而歷代用樂，此最近古。」[42]

《舊唐書》卷七九〈祖孝孫傳〉：

> 初，開皇中，鐘律多缺，雖何妥、鄭譯、蘇夔、萬寶常等亟共討詳，紛然不定。及平江左，得陳樂官蔡子元、于普明等，因置清商署。時牛弘為太常卿，引孝

孫為協律郎，與子元、普明參定雅樂。時又得陳陽山太守毛爽，妙知京房律法，布琯飛灰，順月皆驗。爽時年老，弘恐失其法，於是奏孝孫從其受律。孝孫得爽之法，一律而生五音，十二律而為六十音，因而六之，故有三百六十音，以當一歲之日。又祖述沈重，依淮南本數，用京房舊術求之，得三百六十律，各因其月律而為一部。以律數為母，以一中氣所有日為子，以母命子，隨所多少，分直一歲，以配七音，起於冬至。以黃鐘為宮，太簇為商，林鐘為徵，南呂為羽，姑洗為角，應鐘為變宮，蕤賓為變徵。其餘日建律皆依運行，每日各以本律為宮。旋宮之義，由斯著矣。然牛弘既初定樂，難復改張。至大業時，又採晉、宋舊樂，唯奏〈皇夏〉等十有四曲，旋宮之法，亦不施用。

高祖受禪，擢孝孫為著作郎，歷吏部郎、太常少卿，漸見親委，孝孫由是奏請作樂。時軍國多務，未遑改創，樂府尚用隋氏舊文。武德七年，始命孝孫及祕書監竇璡修定雅樂。孝孫又以陳、梁舊樂雜用吳、楚之音，周、齊舊樂多涉胡戎之伎，

40 《漢書》第四冊，卷二二〈禮樂志〉，第一〇四三頁，北京：中華書局點校本，一九六二年。

41 《漢書》第六冊，卷三十〈藝文志〉，第一七一二頁，北京：中華書局點校本，一九六二年。

42 《清史稿》第一一冊，卷九四〈樂志〉，第二七五二頁，北京：中華書局點校本，一九七七年。

於是斟酌南北，考以古音，作〈大唐雅樂〉。以十二月各順其律，旋相為宮，制十二樂，合三十二曲、八十四調。事具《樂志》。旋宮之義，亡絕已久，世莫能知，一朝復古，自孝孫始也。孝孫尋卒。其後，協律郎張文收復採《三禮》增損樂章，然因孝孫之本音。[43]

《舊唐書》將祖孝孫與唐初的幾位音律、術數、陰陽、堪輿學者放在一塊合傳，故史臣的評論也是一種綜合性的評價：

> 史臣曰：孝孫定音律，仁均正曆數，淳風候象緯，呂才推陰陽，訂於其倫，咸以為禆、梓、京、管之流也。然旋宮三代之法，秦火籍煬，歷代缺其正音，而云孝孫復始，大可歎也……贊曰：祖、傅、淳、才，彰往考來。裁筠嶰谷，運箸清臺。推迎斡運，圖寫昭回。重黎之後，諸子賢哉！[44]

另外一個重要文獻是《舊唐書》卷二八〈音樂志〉一：

> 高祖受禪，擢祖孝孫為吏部郎中，轉太常少卿，漸見親委。孝孫由是奏請作樂。時軍國多務，未遑改創，樂府尚用隋氏舊文。武德九年，始命孝孫修定雅樂，至貞觀二年六月奏之。太宗曰：「禮樂之作，蓋聖人緣物設教，以為撙節，治之隆替，豈此之由？」御史大夫杜淹對曰：「前代興亡，實由於樂。陳將亡也，為〈玉

樹後庭花〉；齊將亡也，而為〈伴侶曲〉。行路聞之，莫不悲泣，所謂亡國之音也。以是觀之，蓋樂之由也。」太宗曰：「不然，夫音聲能感人，自然之道也。故歡者聞之則悅，憂者聽之則悲，悲歡之情，在於人心，非由樂也。將亡之政，其民必苦，然苦心所感，故聞之則悲耳，何有樂聲哀怨，能使悅者悲乎？今〈玉樹〉、〈伴侶〉之曲，其聲具存，朕當為公奏之，知公必不悲矣。」尚書右丞魏徵進曰：「古人稱：『禮云禮云，玉帛云乎哉！樂云樂云，鐘鼓云乎哉！』樂在人和，不由音調。」太宗然之。

孝孫又奏：陳、梁舊樂，雜用吳、楚之音；周、齊舊樂，多涉胡戎之伎。於是斟酌南北，考以古音，作為大唐雅樂。以十二律各順其月，旋相為宮。按《禮記》云，「大樂與天地同和」，故制十二和之樂，合三十一曲，八十四調。祭圜丘以黃鐘為宮，方澤以林鐘為宮，宗廟以太簇為宮。五郊、朝賀、饗宴，則隨月用律為宮。初，隋但用黃鐘一宮，惟扣七鐘，餘五鐘虛懸而不扣。及孝孫建旋宮之法，皆遍扣

43 《舊唐書》第八冊，卷七九〈祖孝孫傳〉，第二七〇九—二七一〇頁，北京：中華書局點校本，一九七五年。

44 《舊唐書》第八冊，卷七九〈祖孝孫傳〉，第二七二七頁，北京：中華書局點校本，一九七五年。

鐘，無復虛懸者矣。祭天神奏〈豫和〉之樂，地祇奏〈順和〉，宗廟奏〈永和〉。天地、宗廟登歌，俱奏〈肅和〉。皇帝臨軒，奏〈太和〉。王公出入，奏〈舒和〉。皇帝食舉及飲酒，奏〈休和〉。皇帝受朝，奏〈政和〉。皇太子軒懸出入，奏〈承和〉。元日，冬至皇帝禮會登歌，奏〈昭和〉。郊廟俎入，奏〈雍和〉。皇帝祭享酌酒、讀祝文及飲福、受胙，奏〈壽和〉。五郊迎氣，各以月律而奏其音。又郊廟祭享，奏〈化康〉、〈凱安〉之舞。《周禮》旋宮之義，亡絕已久，時莫能知，一朝復古，自此始也。

> 及孝孫卒後，協律郎張文收復採《三禮》，言孝孫雖創其端，至於郊禋用樂，事未周備。詔文收與太常掌禮樂官等更加釐改……及成，奏之。太宗稱善，於是加級頒賜各有差。[45]

關於祖孝孫的樂律學成就，學界討論已多，本文不擬重點研究，僅就新文獻與傳統文獻的異同處，稍作論列。

墓誌銘中所謂「方丘之儀」，即古代祭地祇的儀禮，《周禮·春官·大司樂》：「夏日至，於澤中之方丘奏之。若樂八變，則地示皆出，可得而禮矣。」[46]方丘，指文獻中提及的圜丘、方澤，《唐會要》卷三二〈雅樂上〉：「祭圜丘以黃鐘為宮。

方澤以林鐘為宮。宗廟以太簇為宮。」[47]《舊唐書》卷二八〈音樂志〉：「祭圜丘以黃鐘為宮，方澤以林鐘為宮，宗廟以太簇為宮。五郊、朝賀、饗宴，則隨月用律為宮。」[48]也就是說祖孝孫制定的雅樂（樂曲）用於圓丘、方澤、宗廟、五郊祭祀和朝賀，饗宴。「草方丘之儀」就是對其制定與雅樂相配套的雅樂禮儀的最好說明。

墓誌銘中提及的「奏升平之頌」，是指祖孝孫負責制定唐朝雅樂。據前引《舊唐書．音樂志》：「孝孫又奏：陳、梁舊樂，雜用吳、楚之音；周、齊舊樂，多涉胡戎之伎。於是斟酌南北，考以古音，作為大唐雅樂。以十二律各順其月，旋相為宮。按《禮記》云，『大樂與天地同和』，故制〈十二和〉之樂，合三十一曲，八十四調。」[49]《新唐書》卷二一〈禮樂志〉對祖氏創作（音樂）作品也有詳細記載：「初，祖孝孫已定樂，乃曰大樂與天地同和者也，制〈十二和〉，以法天之成數，號

45 《舊唐書》第四冊，卷二八〈音樂志〉一，第一〇四〇—一〇四三頁，北京：中華書局點校本，一九七五年。
46 《十三經註疏．周禮註疏》卷二二〈大司樂〉，第一七〇五頁，北京：中華書局，二〇〇九年。
47 《唐會要》卷三二〈雅樂〉上，第五八九頁，北京：中華書局點校本，一九六〇年。
48 《舊唐書》第四冊，卷二八〈音樂志〉，第一〇四一頁，北京：中華書局點校本，一九七五年。
49 《舊唐書》第四冊，卷二八〈音樂志〉，第一〇四一頁，北京：中華書局點校本，一九七五年。

〈大唐雅樂〉：一曰〈豫和〉，二曰〈順和〉，三曰〈永和〉，四曰〈肅和〉，五曰〈雍和〉，六曰〈壽和〉，七曰〈太和〉，八曰〈舒和〉，九曰〈昭和〉，十曰〈休和〉，十一曰〈正和〉，十二曰〈承和〉。用於郊廟、朝廷，以和人神。」[50]

考慮到唐初「樂府尚用隋氏舊文」的事實，也就是說，直到祖孝孫製作雅樂，唐朝才有了屬於自己的官方音樂。因此「奏升平之頌」，在這個背景之下才顯示出祖氏的獨特貢獻。

劉貺《太樂令壁記》：「周世旋宮因孝孫而再設，京房灰管遇毛爽而重彰，漢章和世，實用旋宮，漢世群儒備言其義，牛弘、祖孝孫所由準的也。杜夔，漢世之樂郎，不識旋宮之義。荀勖，晉朝之博識，莫知古律之則。曆動而右移，律動而左轉，律以曆合，氣以錯行，金奏隨律而變宮，以宣地靈，登歌與曆而改調，以應天氣，歌奏相命，所以合天地之情也。」[51]

根據以上對新見〈祖孝孫墓誌銘〉及相關傳世文獻的引述，筆者以為，祖孝孫在音樂文化上的貢獻主要體現在以下幾個方面：

一是他是隋代及唐初幾次重要的音樂活動或稱朝廷議樂的重要參與者和建言者。

二是他的音樂思想主要體現在以旋宮法為核心的樂律論中，他恢復了早已失傳的旋宮之法並構建一套完整的樂理體系，為唐朝音樂發展奠定了基礎。「周禮旋宮之義，亡絕已久，時莫能知。一朝復古，自此始也。」[52]

三是他將研究所得律學成果運用於音樂實踐，兼收南北音樂之長，傳承古樂，成功製作一套較為完備的唐朝雅樂。「孝孫以梁、陳舊樂，雜用吳、楚之音，周、齊舊樂，多涉胡戎之伎，於是斟酌南北，考以古音，而作大唐雅樂。」[53]

四是制定了一套與唐朝雅樂相配套的樂儀制度。

50 《新唐書》第二冊，卷二一〈禮樂志〉，第四六四頁，北京：中華書局點校本，一九七五年。

51 《玉海》卷七，又見《古儷府》卷八。此條又見於《困學紀聞》卷九〈曆數〉：「劉晛曰：曆動而右移，律動而左轉。」見[宋]王應麟著，[清]翁元圻輯註，孫通海點校：《困學紀聞註》，第一一三八頁，北京：中華書局，二〇一六年。

52 《唐會要》卷三二〈雅樂〉上，第五八八頁，北京：中華書局點校本，一九六〇年。

53 《通典》卷一四二〈樂〉二，第三六五四—三六五五頁，北京：中華書局點校本，一九八八年。

五、本文的幾個初步結論

第一，新見〈祖孝孫墓誌銘〉有重要的史料價值。不僅可以補祖氏家世記載不足，還可以深化祖氏生平研究，本文據新文獻與傳世文獻互證，細化了祖氏生平簡歷。

第二，通過這一新文獻，可以幫助我們反觀魏晉南北朝迄隋唐時期，北方名族祖氏的遷徙流動，以及這一家族的家學傳承，特別是其家族成員祖沖之、祖暅、祖塋、祖孝孫的傑出貢獻。

而以算術、樂律、天文、曆法的專擅，又與一般的經學家族和文史家族有所區別，這既有時代熏染，又與家族傳承有關。

第三，作為隋末唐初易代之際重要的樂律家，祖孝孫在樂律活動、音樂理論和樂舞創製等方面都有貢獻。在音樂活動方面，他是隋代及唐初幾次重要的朝廷議樂的重要參與者和建言者。他的音樂思想主要體現在以旋宮法為核心的樂律論中。他的樂舞作品以所主創的《大唐雅樂》為代表。

二〇二〇年三月二十八日初稿於居安路寓所
時仍在抗疫期間

馮五娘墓誌銘錄文與釋讀[1]

新見〈隨故左禦衛大將軍涿郡留守長江縣開國公薛府君妻故馮夫人墓誌銘〉（以下簡稱「〈馮五娘墓誌銘〉」），有誌蓋，誌蓋題為〈隨故左禦衛大將軍涿郡留守長江縣開國公薛府君妻故馮夫人之墓誌銘〉。據實物測知，誌蓋高五十八點八釐米，寬五十八點八釐米，厚十一釐米。墓誌銘高五十七點五釐米，寬五十八釐米，厚十四釐米。墓誌銘末另起一行，書有「製文起居郎褚遂良并書」。筆者有幸先睹，故不揣淺陋，順便錄文並做簡單釋讀。為能集中討論，全文分為上下兩篇。本篇側重對墓誌銘進行錄文與粗淺釋讀，關於褚遂良製文并書石問題，將另文討論。

1 本文為筆者系列論文〈新見唐馮五娘墓誌銘整理〉上篇。

一、〈馮五娘墓誌銘〉錄文

隨故左禦衛大將軍涿郡留守長江縣開國公薛府君妻故馮夫人墓誌銘」

夫人諱五娘，其先信都人，北燕昭成帝弘之後也。若夫宏才不世，上略因機，」能成撥亂之功，乃建一方之業。自茲厥後，世有通人，門襲鼎鼐，枝分軒冕。祖」康，魏上谷太守。父謙，周驃騎大將軍、隨州刺史、長山縣開國公，並褰帷仗節，」化行千里。功宣綴舞，狀寫丹青。夫人慶發淳和，早稱明哲，桂輪初照，八林之」彩自高；鍾嶺騰暉，連城之價方遠。及行成壺閫，聲振通都，作儷君子，虔（恭）婦」事。兼愛敬於舅姑，化禮則於宗黨。且夫邦之禦衛，出總元戎，賞秩斯優，珍玩」盈積。夫人居茲隆貴，常略寵榮。慕曹妻而好學，想萊室而寧儉。閨庭之內，禮」敬如賓。長江公降年弗永，奄先朝露。孀居邊塞，髽絰在躬。屬隨歷云亡，區中」版蕩，星祆太角，盜發叢祠，而能撫導遺孤，咸聞詩禮。戰有百勝，勇蓋三軍。披」榛遇主，樹功立事。陪丹鳳而上征，負青天而矯翼。懷金拖紫，映野光朝。雖復」敬姜垂訓，孟母斷織，班景前修，抑可連類。貞觀元年三月，授梁郡太夫人。孝」著親榮，存諸往誥。母以子貴，斯為光寵，而高舂西靡，逝水東流。未終溫席

〈馮五娘墓誌銘〉誌蓋拓片

〈馮五娘墓誌銘〉拓片

之」歡，遽切風枝之慟。貞觀十二年二月廿六日，遘疾終於西京休祥里第，春秋」七十有四。夫人姓道明敏，天資婉順，體仁以流其惠，退讓不惰於心。弱笄之」年，來儀著族，夫升上爵，婦道愈勤。情竭娣姒，恩流妾媵。及闔扉靜室，高節淩」霜。子為名臣，皆稟成教。篇籍所記，未或過此。即以其年歲次戊戌，五月戊申」朔十三日庚申，歸窆於長江公之塋，其地則雍州長安縣高陽鄉之臨豐里。」屬國之士，舊列祁連之山；徘徊之車，還指宜都之墓。世子右勳衛郎將萬述、」第五子上柱國右屯衛將軍永安郡開國公萬均、第六子上柱國左衛將軍」武安郡開國公萬徹、第七子通事舍人萬備等，攀拱柏而增慕，悼蓼莪之不」追。懼高岸之為谷，勒貞石於泉扉。其銘曰：」

源分姬水，系發馮鄉。乘嚳而運，開基霸王。浮龍再握，弈葉斯昌。令問不已，挺」兹貞淑。朝日齊暉，崇蘭比馥。曾城植寶，麗水兼金。仁非積習，孝乃天心。曷澣（浣）」衣服，恭勤組紝。儀咸作配，法禮施衿。德化邦域，人和瑟琴。白駒滅影，蓮劍孤」沉。喪亂弘多，有兹才胤。策名事主，褰旗獲印。功邁前修，榮超後進。至孝通神，」冰魚養親。承歡詎已，孺泣爰臻。帷堂從奠，晝柳徐輪。笳清霧曉，野淨松新。悲」哉此室，何時我春。」

製文起居郎褚遂良并書」

二、墓誌銘所記馮五娘家史實考

關於墓主人的家世，〈馮五娘墓誌銘〉：「夫人諱五娘，其先信都人，北燕昭成帝弘之後也。……祖康，魏上谷太守。父謙，周驃騎大將軍、隨州刺史、長山縣開國公，並褰帷仗節，化行千里。功宣綴舞，狀寫丹青。」追溯馮五娘的郡望、世系，指出其出於馮弘之後，祖父是馮康，父親是馮謙。

據張說〈故括州刺史贈工部尚書馮公神道碑〉：「公諱昭泰，字遇聖，長樂人也。說學於古史，豈不聞舅氏之厥初乎？畢公建德於周，畢萬大名於魏，別封之裔，遂氏馮城。秦則丞相並時，漢則將軍重世，積仁鍾慶，王者鬱興。間晉南浮，因燕北號，家變成國，為天下雄，勳業競五伯之先，子孫齊二王之後。公即昭成皇帝之十代孫也。高祖大將軍隨州刺史長山公謙，以寇恂之才，翊戴周武；曾祖兵部尚書左僕射魏國公世基，以曹參之力，經濟隋文；大父尚書左丞檢校御史大夫少府監揚州長史安昌公長命，以佳吏之名，勤勞王室；考仁，高亮無祿，子道不究，故公幼而襲安昌公焉。」[2] 張說敘述到的「公即昭成皇帝之十代孫也，高祖大將軍隨州刺史長山公謙，以寇恂之才，翊戴周武；曾祖兵部尚書左僕射魏國公世基」，與〈馮五娘墓誌銘〉提及到的世系家史有重合交叉部分：遠祖馮弘，高祖馮謙，兩墓誌重合。還提到馮謙有子馮世基，應該是五娘的兄弟行輩。

張說文中提及的長樂，與褚遂良文中提及的信都實即一地，即今河北冀州信都。據《元和郡縣圖志》卷十七〈河北道二．冀州〉：

> 文帝黃初中，以鄴為五都之一，始移冀州理信都。自石趙至慕容垂，或理鄴，或理信都。苻堅用王猛為冀州牧鎮鄴，後魏冀州亦理於鄴，仍於信都為舊冀州之理，置長樂郡。隋開皇三年罷郡為冀州，大業三年復為信都郡。隋末陷賊，武德四年討平竇建德，改為冀州。

長樂馮氏，是中古著名門閥家族，長樂郡望族。西漢左將軍、光祿勳馮奉世之子宜鄉侯馮參之後，為北燕皇室。西元四〇九年，馮跋建立北燕，北燕亡國後，馮弘孫女文明太后執掌北魏朝政數十年，馮氏出王爵數人，極度尊崇，馮氏家族成為北朝時期權傾朝野的外戚家族。

2 《全唐文》卷二二九〈張說〉九。

長樂馮氏最早見於史書記載者，當為《晉書》卷一二五〈馮跋載記〉：「馮跋，字文起，長樂信都人也，小字乞直伐，其先畢萬之後也。萬之子孫有食采馮鄉者，因以氏焉。永嘉之亂，跋祖父和避地上黨。父安，雄武有器量。慕容永時為將軍，永滅，跋東徙和龍，家于長谷。」[3]馮跋在北燕稱帝，自此其家族興盛不衰，代有著者。如《冀縣志》卷十八云：「馮氏為冀州著姓，自六朝逮唐，綿綿不絕，而子孫遷徙他地者，皆稱長樂。此蓋寄籍滄州清池縣者。」[4]《冀縣新鄉土教科書》第二冊第十七課〈馮氏〉也記載：「燕魏以來，信都大族，惟馮氏最盛。馮跋、馮宏（弘）而外，為帝后者三人，為宰輔者一人，封王公侯伯者凡十人，他如為侍中、為郎、為刺史者，歷周隋以至唐，史不絕書。其族之盛，亦可謂蕃且衍矣。」[5]

有人還據史料列出馮氏馮謙一系的簡表：[6]

---

3 [唐]房玄齡等撰《晉書》第十冊，卷一二五〈載記第二十五．馮跋〉，第三一二七頁，北京：中華書局點校本，一九七四年。

4 王樹枏等纂修《冀縣志》卷十八，第九至十頁，歸入《中國方志叢書》，臺北：成文出版社影印民國十八年鉛印本，一九六八年。

5 冀縣馬維周編輯《冀縣新鄉土教科書》第二冊，第七至八頁，冀縣贊化石印局印，一九二三年五月。

6 參見維基百科《中國士族世系圖列表》之《長樂馮氏世系圖》馮謙系。

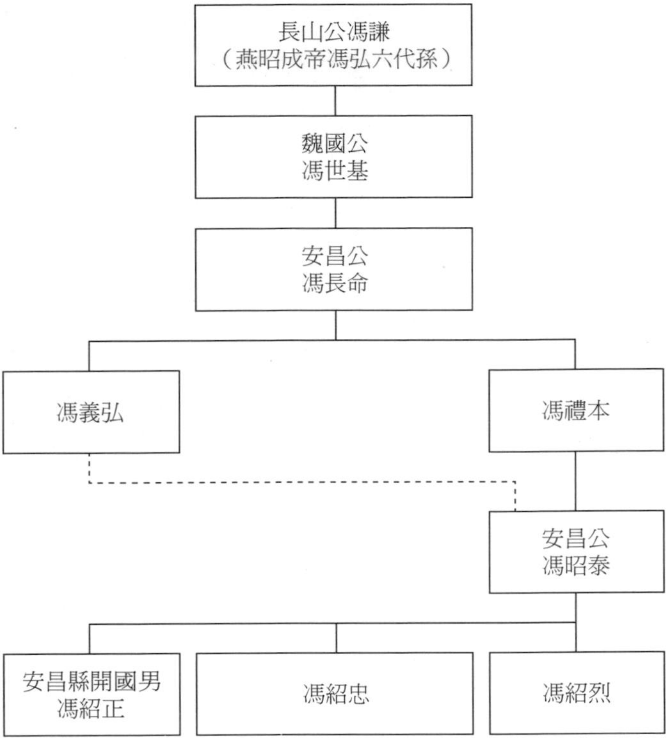

又，墓誌中沒有提及馮五娘的生年，但據墓誌銘：「貞觀十二年二月廿六日，遘疾終於西京休祥里第，春秋七十有四。」由馮五娘卒年貞觀十二年（六三八），享年七十四，可以推出其生年是北齊天統元年（五六五）。

以上是關於墓主人馮五娘娘家的簡要考述。

三、墓誌銘所記薛世雄家族與已有文獻的對讀

馮五娘丈夫薛世雄在隋末也是叱吒一時的名將，但墓誌銘記述較簡單，題目中有「隨故左禦衛大將軍涿郡留守長江縣開國公薛府君」，序文中提及：「且夫邦之禦衛，出總元戎，賞秩斯優，珍玩盈積。夫人居茲隆貴，常略寵榮。慕曹妻而好學，想萊室而寧儉。閨庭之內，禮敬如賓。長江公降年弗永，奄先朝露。孀居邊塞，髽絰在躬。」寫丈夫健在時，她的榮寵，她的謙抑；丈夫去世後，她寡居邊塞，撫養遺孤，但對丈夫的死因則沒有提及。據《隋書》卷六五〈薛世雄傳〉：

薛世雄，字世英，本河東汾陰人也，其先寓居關中。……世雄為兒童時，與群輩遊戲，輒畫地為城郭，令諸兒為攻守之勢，有不從令者，世雄輒撻之，諸兒畏憚，莫不齊整。其父見而奇之，謂人曰：「此兒當與吾家矣。」年十七，從周武帝平齊，以功拜帥都督。開皇時，數有戰功，累遷儀同三司、右親衛車騎將軍。煬帝嗣位，番禺夷、獠相聚為亂，詔世雄討平之。遷右監門郎將。從帝征吐谷渾，進位通議大夫。

世雄性廉謹，凡所行軍破敵之處，秋毫無犯，帝由是嘉之。帝嘗從容謂群臣

曰：「我欲舉好人，未知諸君識不？」群臣咸曰：「臣等何能測聖心。」帝曰：「我欲舉者薛世雄。」群臣皆稱善。帝復曰：「世雄廉正節概，有古人之風。」於是超拜右翊衛將軍。

歲餘，以世雄為玉門道行軍大將，與突厥啟民可汗連兵擊伊吾。師次玉門，啟民可汗背約，兵不至，世雄孤軍度磧。伊吾初謂隋軍不能至，皆不設備，及聞世雄兵已度磧，大懼，請降，詣軍門上牛酒。世雄遂於漢舊伊吾城東築城，號新伊吾，留銀青光祿大夫王威，以甲卒千餘人戍之而還。……十年，復從帝至遼東，遷左禦衛大將軍，仍領涿郡留守。未幾，李密逼東都，中原騷動，詔世雄率幽、薊精兵將擊之。軍次河間，營於郡城南，河間諸縣並集兵，依世雄大軍為營，欲討竇建德。建德將家口遁，自選精銳數百，夜來襲之。先犯河間兵，潰奔世雄營。時遇雰霧晦冥，莫相辨識，軍不得成列，皆騰柵而走，於是大敗。世雄與左右數十騎遁入河間城，慚恚發病，歸於涿郡，未幾而卒，時年六十三。有子萬述、萬淑、萬鈞、萬徹，並以驍武知名。[7]

7 《隋書》第五冊，卷六五〈薛世雄傳〉，第一五三三—一五三四頁，北京：中華書局點校本，一九七三年版。

據此知其丈夫薛世雄出自河東薛氏，屬於關中郡姓之一，也是楊隋、李唐統治者關隴集團的基本力量。關於薛世雄的死因，本傳記載：「河間諸縣並集兵，依世雄大軍為營，欲討竇建德。建德將家口遁，自選精銳數百，夜來襲之。先犯河間兵，潰奔世雄營。時遇雰霧晦冥，莫相辨識，軍不得成列，皆騰柵而走，於是大敗。世雄與左右數十騎遁入河間城，慚恚發病，歸於涿郡，未幾而卒，時年六十三。」有原因，有過程，有細節，補足了墓誌銘省略的部分。考唐武德四年（六二一），令狐德棻建議修隋史等各朝史，次年這項文化工程啟動，貞觀十年（六三六），《隋書》的帝紀、列傳已經完成。[8] 薛氏家族成員及撰寫墓誌者褚遂良應該知道，故與正史互見，略其所詳，詳其所略。可見，馮五娘丈夫薛世雄出自河東薛氏，與河東裴、柳兩氏，合稱「河東三姓」，屬於關中郡姓之一，是楊隋、李唐統治者推行關隴本位政策的基本力量。

對馮五娘與薛世雄的幾個兒子，墓誌銘中敘述較詳：「屬隨曆云亡，區中版蕩，星祆太角，盜發叢祠，而能撫導遺孤，咸聞詩禮。戰有百勝，勇蓋三軍。披榛遇主，樹功立事。陪丹鳳而上征，負青天而矯翼。懷金拖紫，映野光朝。雖復敬姜垂訓，孟母斷織，班景前修，抑可連類。貞觀元年三月，授梁郡太夫人。孝著親榮，存諸往誥。母以子貴，斯為光寵。」一方面說五娘在丈夫去世後含辛茹苦，撫育遺孤，教子讀書，子弟各有成就。另一方面，誇耀薛家諸子在隋末唐初的大變局中，能棄暗投明，選擇明主，建功立業，榮耀光寵，母以子貴，獲授梁郡太夫人的稱號。

前引《隋書．薛世雄傳》僅提及五娘及薛世雄所生四子：萬述、萬淑、萬鈞、萬徹。〈馮五娘墓誌銘〉則述及世子萬述、第五子萬均、第六子萬徹、第七子萬備。也就是說，薛世雄與馮五娘至少育有七個兒子。

其中薛萬徹，事蹟見《舊唐書》卷六九〈薛萬徹傳〉：

薛萬徹，雍州咸陽人，自燉煌徙焉。隋左禦衛大將軍世雄子也。世雄，大業末卒於涿郡太守。萬徹少與兄萬均隨父在幽州，俱以武略為羅藝所親待。尋與藝歸附高祖，授萬均上柱國、永安郡公，萬徹車騎將軍、武安縣公。

會竇建德率眾十萬來寇范陽，藝逆拒之。萬均謂藝曰：「眾寡不敵，今若出鬭，百戰百敗，當以計取之。可令羸兵弱馬阻水背城為陣以誘之，觀賊之勢，必渡

8 《隋書·出版說明》第一冊，第一頁，北京：中華書局點校本，一九七三年版。

水交兵。萬均請精騎百人伏於城側，待其半渡擊之，破賊必矣。」藝從其言。建德果引軍渡水，萬均邀擊，大破之。……隱太子建成又引萬徹置於左右。建成被誅，萬徹率宮兵戰於玄武門，鼓譟欲入秦府，將士大懼。及梟建成首示之，萬徹與數十騎亡於終南山。太宗累遣使諭意，萬徹釋仗而來。太宗以其忠於所事，不之罪也。……萬徹尋丁母憂解職，俄起為右衛將軍，出為蒲州刺史。……太宗從容謂從臣曰：「當今名將，唯李勣、道宗、萬徹三人而已。李勣、道宗不能大勝，亦不大敗；萬徹非大勝，即大敗。」太宗嘗召司徒長孫無忌等十餘人宴於丹霄殿，各賜以貘皮，萬徹預焉。太宗意在賜萬徹，而誤呼萬均，因愴然曰：「萬均朕之勳舊，不幸早亡，不覺呼名，豈其魂靈欲朕之賜也。」因令取貘皮，呼萬均以同賜而焚之於前，侍坐者無不感嘆。[9]

傳記中提及「萬徹尋丁母憂解職」，據〈馮五娘墓誌銘〉，可以具體考知是貞觀十二年二月廿六日之後這段時間。

又，薛世雄與馮五娘所生長子薛萬述的墓誌已出現，題目為〈大唐故太中大夫濮州刺史薛使君（萬述）墓誌銘〉：

君諱萬述，字無為，雍州咸陽縣人。奚仲為夏后氏掌車，君其後也。以彰明德，疏源姬水之陽；乃立懿親，疎幹配林之右。馮翊褰帷，馳書兩縣；太傅高筆，祝祖三辭。人多將帥之風，名擅楊班之史。祖迴，隋左武衛大將軍。父雄，隋左禦衛大將軍、燕郡太守。世有英烈，家傳鼐鼎。昆峯比峻，蘅薄齊芳。君靈既餘基，含章秀起。翻飛之羽，擊三千而掩漢；騰空之駿，想萬里而排雲。寒柘調弓，霜山落箭。遊孔聖而誰擬，登仙舟而難返。隋大業八年，解褐授右親衛。於時煬皇遐旆，玄感興甲。君挑戰無前，輕戈獨運，陳俊擊金門之寇，岑公掩青犢之營。輸榮司勳，咸推英勇。九年，遷授宣德郎。於時鬼哭神言，星流川閂。越王委權臣之令，稱制洛陽，雖譬餘分，尚懷人傑，引君為衛尉少卿，且旌尤異。大唐提劍參墟，扶義而起，破前隊而拔昆陽，降子嬰而收府庫。平吳之利，箴囊代而高視；用楚之材，掩前脩而自得。乃心明聖。武德九年，授太子齋帥，尋遷右武侯長史。貞觀二年，超遷左衛郎將。金戈照肔，玉刃羅庭。通羽林而警夕，惣鶡冠而為衛。於時折膠臨塞，邊虞尚阻。中兵遐討，常為士先。斬胡騎而論功，出蕭關而騁銳。五年，遷尚舍奉御。七年，除右衛郎將。太夫人玄衣月制，君去纓晨省，及風枝屢

9 《舊唐書》第八冊，卷六九〈薛萬徹傳〉，第二五一七—二五一九頁，北京：中華書局點校本，一九七五年版。

切，毀骨三年。服闋，除泗州諸軍事、泗州刺史。又除彭王府長史。十七年，詔遷濮州諸軍事、濮州刺史。濮上遺風，恃權豪而為蠹；帝丘餘弊，侮憲法而崇姦。君傳車初踐，仁風先洽。強民既肅，輕典無滯。犬牙緣境，鳳翼來儀。傾春霖而布澤，掩朞月而成化。自將門而通世要，由蘭室而播循良。自我有之，曾無愧色。而灼光夜靡，露白朝晞。芳枝無反魂之香，閱水有歸流之恨。十九年六月遘疾終於州廨，春秋五十有九。惟君牆宇凝暎，波瀾不測。輕帷旁掩，還讀揣摩之篇；良劍高揮，獨有從橫之勢。加以推友存信，辭多益儉，式敬鄉黨，勞謙者耋，遂脫略華纓，言歸色養。抽碧笋於冬圃，振頳鱗於寒水。門多長者，家有基茲。及柳館依春，花亭照月，樽臨曲水，客滿長筵。清文與絲竹爭流，雅趣將煙霞共遠。是以好事聞風，縉紳欽德。逢鄭莊而置驛，遇溫柏而傾蓋。一司邦寇，遺財委貨之能；再典名蕃，勸禮興仁之績。雖伯起之自勵天神，欒巴之善除災害，量能校德，彼亦何人。及露泣崇朝，風悲厚夜，輴移衛隩，薤遹周壇。衡門班鬢之叟，服道青衿之俊。奠旨酒而含悲，眺歸旌而掩泣。即以貞觀廿年歲次景午十二月己未朔二日庚申，歸窆於雍州長安縣福陽鄉脩福里之高陽原。[10]

薛萬述在其母去世七年後卒，並歸葬祖塋長安高陽原。薛萬述墓誌還提及：

「太夫人玄衣月制，君去纓晨省，及風枝屢切，毀骨三年。服闋，除泗州諸軍事、泗州刺史。又除彭王府長史。」據此知，薛萬述守制三年滿，則其任泗州刺史當在貞觀十五年。

另外，薛世雄和馮五娘的第七子薛萬備的墓誌也出土，題為〈唐故鴨淥道行軍副總管薛君（萬備）墓誌銘并序〉：

> 公諱萬備，字百周，河東汾陰人也。……曾祖寧，隱居不仕，魏明帝特徵為國子祭酒。……祖迴，周驃騎大將軍，開府儀同三司，涇州、扶州總管，舞陰郡公。……父雄，隋左禦衛大將軍，涿郡留守，長江公。……公即長江公之第七子也。……息隱太子登貳春坊，旁求時彥，徵為千牛備身。既而儲后虧良，自貽伊戮。凡在寮宷，咸從左降。授匡道府校尉。貞觀八年，勑授通事舍人。尋丁太夫人憂，水漿不入於口，有過禮制。並剪髮以為母髢。及葬，廬於墓側，負土成墳。孺慕嬰號，柴毀骨立。皇帝屢遣中使存問，並令旌表門閭。昔高柴泣血三年，未嘗見齒；曾參絕漿七日，殆至滅性。方斯二賢，猶加一等。……永徽四年，以兄犯罪，

10 見美篇網站，〈三頌堂——鄴軒〉「河東望族，萬榮薛氏。南祖薛寧一脈」。網址：https://www.meipian.cn/2e4rejcp。

緣坐配交州為百姓。顯慶五年，恩勑追還，授鴨淥道行軍副總管。行至萊州，忽遘時疾，以龍朔元年五月十一日卒於官第，春秋六十……（夫人楊氏）以顯慶元年十一月十五日薨於交州之交趾縣，春秋卅有三。粤以龍朔二年六月二日合葬於雍州長安縣福陽鄉之高陽原。[11]

又，薛萬述之子薛玄育的墓誌也已出土，題為〈唐故國子學生薛君（玄育）墓誌〉：

君諱玄育，字道茂，河東汾陰人也。昔遷邳事夏，侯服擅其先封；在晉尊周，王官承其舊職。彤雲錫祚，元室以燮椞飛聲；白水隆基，名公以憂民成化。出入三代，丕顯兩京。靈根深而不朽，惠葉遠而彌蔚。曾祖迴，周驃騎大將軍，開府儀同三司，舞陰郡公；祖（世）雄，隋左禦衛大將軍，燕郡太守，長江公。並材稱柱石，義烈冰霜，據上將而偶中台，總六戎而典千里。父萬述，泗、濮二州刺史，忠信基身，寬仁莅職，邳鄉甚攀車之戀，帝丘增釋□之哀。君即濮州之四子也。桂苑滋芳，藍田孕瑤，體仁義於丹宮，表通理於黃中。年十六，為國子學生。尋以叔父武安公獲罪自解。□緣家禍，無復世情，於是剗跡揖俗，潛心味道，總四徹之靈篇，究六藝之能事。既事寡地閑，居幽志遠，乃馳騁流略，稽合異同，撰《綜要》一部二百卷。區分類聚，事義判於條流；因枝振葉，名目窮於稱謂。溫故知新，事逸功倍，而學不為祿，德以潤身。去誘慕於貞情，任窮達於冥理，畜雞種黍，欲寡自得，忘貧息交，絕遊知希。豈不為貴，清羸有素，氣候乖攝，以永隆元年十一月六日卒於豳州之別墅，年卌有七。粵以二年二月六日，歸葬于雍州長安縣高陽原先君之舊兆。[12]

還有薛世雄兄弟行的一方墓誌也出土，題為〈大隋使持節大將軍建興公薛使君（貴珍）墓誌銘〉：

公諱貴珍，司州河東汾陰人……祖寧，器業弘遠，儀容偉特，累遷尚書郎，游擊將軍，別部都將，燉煌太守，因以家焉。父迴，資度宏廣，幹藝優長，總此書劍，兼斯文武，年未弱冠，案劍奮發，西清隴底，南肅荊巫，分封賜姓，累就遷陟。歷任使持節儀同直後、司水大夫、驃騎開府、扶州刺史、涇州總管。頻總元

11 墓誌收入胡戟《珍稀墓誌百品》，西安：陝西師範大學出版社，二〇一八年。考釋見王慶衛〈唐貞觀二十二年昆丘道行軍再探討——以新出〈楊弘禮墓誌〉為中心〉，《魏晉南北朝隋唐史資料》第三五輯，上海：上海古籍出版社，二〇一七年。拜根興〈新見初唐名將薛萬備墓誌考釋〉，《唐史論叢》二〇一八年第二期。

12 見美篇網站，〈三頌堂——鄴軒〉「河東望族，萬榮薛氏。南祖薛寧一脈」。網址：https://www.meipian.cn/2e4rejcp。

戎，肅清疆埸，每董連師，威稜夷夏，授大將軍，封舞陰郡開國公。養德怡神，懸車靜志。公即舞陰公之第四子也。潤資碧海，慶誕丹霄。天和之初，妙簡門胄，以公俊乂，入奉承華，為左前侍中士。累遷英果胥附左丞、御侍伯上士，德簡帝心。方憑外略，為北道監行軍事，轉左衛前侍上士，從駕東討陵城，斬馘，進號帥都督；又監行軍南討，俘獲呂梁，授使持節儀同大將軍，門正右□大夫。開皇二年，偏師北伐，復建殊功，封盧氏縣開國伯。遂委禁戎，賞寄彌重，授車騎將軍。總師南討蘄州，遇賊，旌麾翳日，艫舳塞川。公將輕舸，中流跳戰，反棹倒戈，應時瓦解。誰謂河廣？曾不崇朝。乘勢平蕩，靡移旬朔。遷上開府，封建興縣開國公，邑七百戶，別封一子。粟帛資貨，賞盈秉億，所部麾下，莫不台司。俄而江南餘胄，叛梗荒服。公受賑南邁，討叛宣州。賊黨塞川，恃嶮作固。公刁斗不擊，燧□夜燃，所向必摧，累獻愷捷，吳越再清，公為稱首。還届晉陽，乃遘痾疾。二豎既逼，膏肓兩盈，忽焉增感，嗚呼哀哉！惟公智啟幼齡，鄴隆弱冠，仁篤慈惠，英奇秀拔，行貞松竹，器曰瑚璉。天道不仁，逝川奄及，以開皇十二年七月十七日與夫人紇骨氏合窆於雍州長安縣之高陽原。[13]

汾陰薛世雄家族系出河東薛氏南祖房，如果僅據存世的史傳，所知亦有限，但根據馮五娘墓誌及其幾位子嗣的墓誌，則可以上溯下追薛世雄家族的世系簡表：

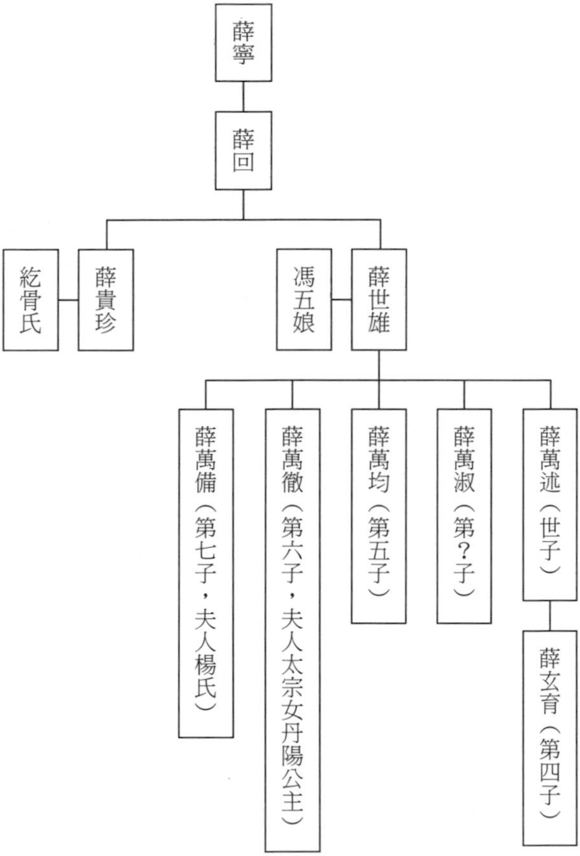

13 見美篇網站，〈三頌堂——鄴軒〉「河東望族，萬榮薛氏。南祖薛寧一脈」。網址：https://www.meipian.cn/2e4rejcp。

四、本文的初步結論與推論

新出〈馮五娘墓誌銘〉，不僅可以與〈薛萬述墓誌〉、〈薛萬備墓誌〉、〈薛玄育墓誌〉以及〈薛貴珍墓誌〉等其他新文獻的敘述內容互參互證，而且還可與傳世的史傳文獻互相訂補，細化並深化我們對河東汾陰薛世雄家族的認知，因為增加了許多新參數，使得薛世雄家族的歷史影像，可以有許多更細微的像素：

第一，細化馮氏與薛氏的世系敘述。馮五娘馮氏的世系前面已經詳列。汾陰薛世雄家族系出河東薛氏南祖房，根據馮五娘墓誌及其幾位子嗣的墓誌，可以進一步細化其世系的敘述。

第二，關於薛世雄子嗣的人數。一般提及薛世雄有五個兒子，〈馮五娘墓誌銘〉可以補充傳世文獻紀錄的漏缺。前引《隋書．薛世雄傳》僅提及四人：萬述、萬淑、萬鈞、萬徹。〈馮五娘墓誌銘〉則具體敘述參加葬禮的有世子萬述、第五子萬均、第六子萬徹、第七子萬備。也就是說，薛世雄與馮五娘育有七個兒子，目前知道名諱的有五個兒子。薛萬淑沒有出現在其母的葬禮上，是否早夭，或其他什麼原因，待考。又，薛萬均之「均」字，《隋書．薛世雄傳》作「鈞」，但《舊唐書．薛萬徹傳》

與墓誌銘同，也作「均」。

第三，關於薛氏家族的孝行。薛萬述墓誌、薛萬備墓誌提及到丁母憂及守孝的事蹟，與薛萬徹傳可以互相印證。孝行及禮儀在古代人物傳記及墓誌書寫中雖然是一個敘述範本，但也可以看出一些望族及舊家勳貴恪守禮儀，甚至有極苛極嚴的特例，如〈薛萬備墓誌〉中記述萬備：「尋丁太夫人（即馮五娘）憂，水漿不入於口，有過禮制。並剪髮以為母髢。及葬，廬於墓側，負土成墳。孺慕嬰號，柴毀骨立。皇帝屢遣中使存問，並令旌表門閭。昔高柴泣血三年，未嘗見齒；曾參絕漿七日，殆至滅性。方斯二賢，猶加一等。」《新唐書．薛萬均傳》薛萬備附傳也記載：「萬備有至行，居母喪，廬墓前，太宗詔表異其門。」[14] 比較而言，墓誌銘的記述更細緻，其中「皇帝屢遣中使存問，並令旌表門閭」云云，通過史傳的記述也可以印證確實如此，並非虛譽。據此可以看出薛家孝行傳家，也可以與馮五娘墓誌的內容往復互證，說明出土文獻之真實性。

第四，關於薛氏的家教。〈馮五娘墓誌銘〉中說五娘「撫導遺孤，咸聞詩禮」，

14 《新唐書》第一二冊，卷九四〈薛萬均傳〉附傳，第三八三一頁，北京：中華書局點校本，一九七五年。

「子為名臣，皆稟成教」，「母以子貴，斯為光寵」，〈薛萬述墓誌銘〉中說：「世有英烈，家傳鼒鼎。崑峯比峻，蘅薄齊芳。」

第五，轉型時期薛氏家族由尚武向崇文的轉變。《隋書．薛世雄傳》評價薛世雄「以驍武之姿，當有事之日，致茲富貴」，「有子萬述、萬淑、萬鈞、萬徹，並以驍武知名」，但到了〈薛玄育墓誌〉敘述薛世雄與馮五娘之孫、薛萬述之子薛玄育：「撰《綜要》一部二百卷。區分類聚，事義判於條流，因枝振葉，名目窮於稱謂。溫故知新，事逸功倍，而學不為祿，德以潤身……善不求名，學以為己。何書不洽，何藝不優？調諧金奏，字婉銀鈎。迨我暇矣，斯文聿脩。統理萬物，併吞九流。」可以看出，河東薛氏入唐以來，到了第三代，已經隨俗雅化，與時俱變，由尚武轉為崇文。據學界對河東薛氏的研究包括筆者的已有成果，[15] 與本文的新材料均可以互相印證這一看法。

第六，薛氏家族與隋唐政治的密切關係。薛世雄家族對楊隋和李唐建基功勳卓著，但亦捲入唐初錯綜複雜的政治鬥爭中。前一方面史傳及學界談及較多，後一方面則涉及較少。這主要是指薛萬備陷隱太子案，玄武門事變後依例被貶，以及薛萬徹因房遺愛案被定謀反罪，家族成員受牽連的極多，後被平反。這些在薛氏家族墓誌中也留下痕跡。〈薛萬備墓誌銘〉：「永徽四年，以兄犯罪，緣坐配交州為百姓。顯慶五年，恩勑追還，授鴨淥道行軍副總管。」〈薛玄育墓誌銘〉：「尋以叔父武安公獲罪自解。□緣家禍，無復世情，於是刻跡捐俗，潛心味道，總四徹之靈篇，究六藝之能事。」其中前一件事件發生在馮五娘生前，而後一件事則發生在馮五娘去世後。好在兩件事後來都獲平反，薛世雄與五娘還是可以含笑九泉的。

我們有理由相信，隨著新出土文獻的不斷披露，[16] 關於河東汾陰薛世雄家族的材料將會越來越豐富，其家族譜系的細節也會越來越具體。

二〇二〇年二月十一日

修改於西大長安校區家屬區，蝸居抗疫

15 參見拙著《唐代關中士族與文學》、《唐代三大地域文學士族研究》的有關論述。

16 本書交三校樣時，看到薛世雄另一子薛萬壽墓誌出土的消息，唯墓誌在坊間，黨斌、拜根興〈唐薛萬述、薛玄育父子墓誌考略——兼論薛氏家族涉及問題〉（《唐史論叢》二〇二〇年第一期，西安：三秦出版社，二〇二〇年出版）一文也僅提及，沒有引用。因筆者既未見原石，也未見拓片，暫不引述，俟隨後補論。

新發現唐李百藥墓誌銘及其價值

偶得唐代詩人李百藥墓誌銘拓片（墓誌存於榆陽區古代碑刻藝術博物館），據拓片測知，墓誌長七十三釐米，寬七十三釐米，字體為楷書，每行四十一字，加題目四十一行，共一千六百多字。墓誌石材為方形青石，有蓋。除個別地方略有漫漶外，墓誌整體尚清晰，是近年所見唐初墓誌較完整者。我有幸先睹，鑒於李百藥在唐代文學和史學上的重要地位，茲將墓誌整理如下，並略作分析，供學界研究利用。

大唐故宗正卿安平公李府君墓誌銘」

公諱百藥，字重規，博陵安平人也。昔咎繇佐舜，種德以穆四門；伯陽翼周，垂教以利万物。廣武之贊戎律，建英」圖以下燕；將軍之扞邊亭，運謀猷以存趙。其後貂璫繼軌，龜組重光。雖王氏之熏灼西朝，楊族之載德東」漢，未可較茲官

〈李百藥墓誌銘〉誌蓋拓片

伐，匹此克昌。祖敬族，後魏廣陽王諮議參軍，隨贈開府儀同三司、定州刺史、安平孝公。珥玳」簪而遊東閣，曳珠履而步西園。寵盛賜田，恩降設醴。父德林，齊中書侍郎，隨內史令，大將軍，安平文公。攝職」龍津，陪武帳以陳啟沃；莅官雞樹，踐文石以典絲綸。公齊衡申甫，降惟岳之精靈；方駕蕭張，稟列宿之純粹」。含章抱叡，毓德依仁。少挺傑出之姿，幼標通理之目。干霄切□，耀千丈之宏材；川鏡陂澄，包万頃之弘量。淩」雲之筆，遒文麗於雕龍；掞天之詞，縟彩光於威鳳。學該石室，□綵玉杯。肅穆風儀，將潘岳而連璧；慷慨志節」，與荀爽而齊名。後進於是攝齊，先達為之傾蓋。譽馳河朔，聲偃秦中。開皇初，起家除太子通事舍人，十五年遷舍人，仍為學士。服絳衣而待前星，望高桓範；戴玄冠而托後乘，德重劉楨。十九年奉勅，追赴仁壽宮。詔襲」安平公，仍授禮部員外侍郎。煬帝歷試之辰，漢王居藩之日，二府交辟，八行遞至。禮甚碣石之館，思隆枉道」之書。公既無背淮之心，遂遭貝錦之謗。因此成隙，頻被左遷。異晉后之恕何夔，殊漢君之賞衛綰。大業元年」，出為桂州司馬，州廢改授魯郡臨泗府越騎校尉。十一年遷建安郡丞。于時麟鬥於郊，赤幘屯蟻聚之眾；龍」戰于野，青領起蠡午之郡。板蕩甚陳項之亡秦，幅裂邁劉石之亂晉。公飄飆百越，羈旅三吳。同彼許悠，潛懷」

〈李百藥墓誌銘〉拓片

背袁之計；方茲韓信，陰圖歸漢之心。暨聖人履己握符，司契建極。運璇機以齊七政，御金鏡以靜九圍。側」席佇英賢，翹車徵茂異。公聲實宿著，詔授中書舍人。譬鄴下雲銷，孟德賞陳琳之筆；隴陰霧廓，文叔重班」彪之才。貞觀二年，除禮部侍郎，尋遷太子右庶子。貳職春卿，國典資以損益；贊道震位，宮望籍以重輕。尋奉」敕修律令，酌甫侯之故實，採文終之舊條。創一代之彝章，為万世之茂範。又奉勅修禮及齊史，刊定則錙」銖賈馬，聲震曲臺；筆削則孕育荀袁，譽高延閣。史成，拜散騎常侍行右庶子，俄除宗正卿。子政以忠直被任」，名編西漢之書；伯興以盡節見知，跡光東觀之史。以此方彼，曾何足云？公以年鬢漸頹，上表致仕，蒙敕允」請，方就閑居，而映弩成災，奠楹為崇。未陪蹕於陽館，俄夢講於陰堂。類彼鄭卿，空留遺愛之詠；方斯周伯，唯」餘勿翦之謠。貞觀廿二年二月廿六日寢疾，薨於京師勝業里第，春秋八十五。太常考行，謚康公。朝嗟喪寶」，士歎殲良。伯牙於是絕絃，匠人以之罷斲。昔京兆杜預託芒山而建塋，河內張文相牛亭而卜地。長彥親無」反魯，時賢謂之通人；季札子不還吳，元聖以為達禮。今遵遺令，以其年十一月十九日遷厝於雍州萬年縣」少陵原，禮也。惟公總秀氣於五常，包多能於六藝，研幾體道，踐行頤言。色養天真，不假觀於橋梓；珪璋特達」，無待加於琢磨。志尚謙沖，奉之以庭訓；口絕臧否，稟之於家風。振民軌物之治方，體國經野之政術，茂陵魏」家之逸篇，三雍七郊之禮典，莫不遊刃髖髀，探賾隩隅。對魯國之墳羊，多識亞於尼甫；辯漢世之豹鼠，博物踰於子雲。時彥籍以吹噓，朝英資以題目。尚書左僕射楊素，經文緯武，命世雄才；吏部尚書牛弘，雅操清規」，當代偉器。咸分庭抗禮，傾首虛襟，許之以國華，期之以台輔。昔鄭玄碩學，文舉造門；王粲重名，伯喈倒履。較」其優劣，未足相方。常誡滿盈，追魏舒之逸軌；每懷丘壑，重樊英之芳風。抗表歸閑，掛冠辭祿。青春韶景，開筵」招三益之賓；素秋朗月，命賞傾十千之酒。情忘寵辱，心混是非。玩莊周之七篇，歌榮期之三樂。保名全譽，樹」德立言。但歲月若馳，光陰不借，未膺上庠之禮，奄切東代之遊。世子主客員外郎安期，至情自然，孝情天挺」。濡露興慟，行客傷而輟哥；陟岵增哀，鄰春感而罷相。恐寒來暑往，蓬山之史不存；日薄星迴，羽陵之簡將蠹」。所以式鐫貞石，用播芳猷。乃為銘曰：」

儀天崇構，控地長源。高陽系遠，真人道尊。執鈞宰化，書社開藩。亮采調俗，服袞乘軒。象緯降祉，誕茲民秀。七」步才高，五車學富。極天孤聳，干雲獨茂。九宮隱括，百寮領袖。鄭標國器，桓稱公輔。縱橫智囊，照哲靈府。門風」世德，重規疊矩。凝暉映乘，騰光曜廡。百六數否，三空運阜。競起牙璋，爭馳羽檄。石首韜彩，金陵晦跡。傒后躍」鱗，思旦振翮。時逢啟聖，命偶興王。揮翰綸閣，飛纓畫堂。載筆外史，從政文昌。爵隆帶礪，位極銀黃。懸車謝」識，抽簪養志。臺訪舊章，朝詢故事。逍遙文圃，優遊講肆。投分名流，連鑣勝地。莊稱怛化，孔嗟閱水。泣下瓊瓌」，歲躔辰巳。倏辭蘭室，遽歸蒿里。道喪九言，璧沉六美。車迴畫鹿，旗翻倒龍。金生貞礎，劍掛高松。白楸忽閟，玄」象俄封。英聲茂實，永奏笙鏞。」

李百藥墓誌銘的發現，不僅對於研治李百藥生平及思想有著重要作用，而且對於瞭解隋末唐初的政治鼎革、社會風俗也有一定意義。

如關於李百藥的生卒年及年齡問題，《舊唐書》卷七二〈李百藥傳〉：「二十二年卒，年八十四，謚曰康。」又《新唐書》卷一〇二〈李百藥傳〉：「卒年八十四，謚曰康。」此後，有關李百藥生卒及年齡皆以此為出處，雖然《譚賓錄》及《唐詩紀事》記百藥卒年為八十五歲，惜後人多斥其不知所據，未予採錄。今按〈墓誌銘〉：「貞觀廿二年二月廿六日寢疾，薨於京師勝業里第，春秋八十五。……以其年十一月十九日遷厝於雍州萬年縣少陵原，禮也。」卒時卒地及葬時葬地都非常具體明確，其卒時為貞觀二十二年（六四八），卒八十五歲。以此推算，其生年為北齊武成帝高湛河清三年（五六四）。〈墓誌銘〉的出現解決了有關李百藥年齡爭議的問題，應是一件有意義的事情。

再如關於李百藥墓地的遷葬問題，從〈墓誌銘〉裡也可看出唐初社會風俗之演變。〈墓誌銘〉云：「昔京兆杜預託芒山而建塋，河內張文相牛亭而卜地。長彥親無返魯，時賢謂之通人；季札子不還吳，元聖以為達禮。今遵遺令，以其年十一月十九日遷厝於雍州萬年縣少陵原，禮也。」在遷葬事前引述了四位古人的事例，作為支撐「遷厝」的根據。為什麼如此不嫌辭費？這要從唐初喪葬習俗說起。

陳寅恪〈論李栖筠自趙徙衛事〉：「吾國中古士人，其祖墳住宅及田產皆有連帶關係。觀李吉甫，即後來代表山東士族之李黨黨魁李德裕之父所撰〈元和郡縣圖志〉，詳載其祖先之墳墓住宅所在，是其例證。其書雖未述及李氏田產，而田產當亦在其中，此可以中古社會情勢推度而知者。故其家非萬不得已，決無捨棄其祖塋舊宅並與塋宅有關之田產而他徙之理。此又可不待詳論者也。」[1] 值得玩味的是，史家陳寅恪論及中古社會史上這一重要現象，正是從喪葬地及遷葬這一習俗說開來的，而他集中討論的兩個作為例證的個案（另一見〈李德裕貶死年月及歸葬傳說辨證〉，亦收入《金明館叢稿二編》）。都是趙郡李氏，只不過李吉甫、李德裕屬西祖房，而李德林、李百藥屬漢中房。

陳寅恪先生所論雖精審，但是否具有普遍意義，尚待檢核。毛漢光歸納墓誌及史傳中的大量材料，指出中古士人具有由原籍遷徙到新地方，並以新地方為其家族重心的「雙家型態」。[2]筆者進一步揭示，中古士人遷徙時具有「郡望—新貫—現住地」的「三家型態」或「多家型態」應是士人遷徙的常態。[3]證以李百藥祖父〈李孝公（敬族）墓誌銘〉：「武定五年十一月十四日薨於鄴城之宅，春秋五十三。十二月廿一日安厝舊里。……六年正月卅日，改葬於饒陽縣城之東五里敬信鄉。」祖母〈夫人趙氏墓誌銘〉：「齊武平二年二月五日，終於鄴城之宅，春秋七十七。五月三日，安厝舊里。大隋開皇六年正月卅日，先君改葬，奉合泉宮。」這兩塊墓誌

1 陳寅恪《金明館叢稿二編》，第二頁，北京：生活・讀書・新知三聯書店，二〇〇一年。
2 毛漢光《中國中古社會史論》，第二四五頁，上海：上海書店出版社，二〇〇二年。
3 參見拙著《唐代三大地域文學士族研究》增訂本，第二五九頁，北京：中華書局，二〇〇八年。

都是從葬地出土的。[4] 考慮到李敬族、李德林父子長期在北齊、北周及隋的朝廷任職，應在洛陽、長安有居住地，喪地又是鄴城，但他們還是循舊例，選擇由卒地鄴城遷葬回河北饒陽。李德林的墓誌未見，其卒葬地的資訊暫空缺。但到了李百藥，他「遷厝於雍州萬年縣少陵原」，象徵了家族的新貫或遷徙的新標竿。李氏漢中房支放置這一標竿的地點既不是饒陽舊塋，也不是河南府洛陽，而是京兆府長安，有力佐證了毛漢光認為唐代士族的中央化傾向。[5] 而李百藥墓誌之所以引述四位古人遷葬的事例，正在於唐代是由中古社會向近古社會轉型的一個關鍵時期，新舊遷葬風俗的交替還需要一個逐漸合法化的過程。這些瑣屑的敘述映射了家族遷徙流動資訊和隋唐時的喪葬習俗。

以上僅就初讀墓誌略談淺見一二，如能結合傳世紙質文獻、出土文獻及相關研究成果，相信對李百藥墓誌的價值會有更為深入的揭示。

4 墓誌收錄見《隋唐五代墓誌彙編》，河北卷，第三、第四頁，北京：文物出版社，一九八八年。

5 參見毛漢光《中國中古社會史論》，第三二九頁。

唐代士族轉型的新案例

——以趙郡李氏漢中房支三方墓誌銘為重點的闡釋

一、引　言

二十世紀以來，中古隋唐時期的士族研究已經取得了長足的進展，陳寅恪、錢穆、岑仲勉、柳詒徵等史學巨擘的開創性研究導夫先路，王伊同《五朝門第》、伊沛霞《早期中華帝國的貴族家庭：博陵崔氏個案研究》、谷川道雄《中國中世社會與共同體》、毛漢光《中國中古社會史論》等名家著述均有許多新開拓。[1]「文革」

1 王伊同《五朝門第》，一九四三年成都金陵大學中國文化研究所油印本，北京：中華書局，二〇〇六年新版。伊沛霞《早期中華帝國的貴族家庭：博陵崔氏個案研究》，上海：上海古籍出版社，二〇一一年中文版。谷川道雄《中國中世社會與共同體》，上海：上海古籍出版社，二〇一三年中文版。毛漢光《中國中古社會史論》，臺北：聯經出版事業公司，一九八八年正體字本；上海：上海書店出版社，二〇〇二年簡體字本。

後的大陸學者雖然起步較晚，但相關著述中涉及的論題多、數量大，特別是因不斷出土的魏晉隋唐新文獻，又使這一傳統的研究領域在文史學科生機盎然，新史料的不斷出現，新方法的不斷引入，對陳說陋見的不斷質疑，為研究注入了新的活力，新的成果層出不窮。[2]

筆者最近有幸從坊間看到唐代史學家、文學家李百藥墓誌銘拓片，為了讓學界能及時瞭解並利用此新材料，曾不揣譾陋，作了初步的整理並將其公布出來。[3] 根據拓片測知，墓誌長七十三釐米，寬七十三釐米，字體為楷書，每行四十一字，加題目四十一行，共一千六百多字。有誌蓋，上題「大唐故宗正卿安平公李府君墓誌之銘」十六字，字體為篆書。誌蓋長五十二釐米，寬五十三釐米。墓誌石材為方形青石。除個別地方略有漫漶外，墓誌整體尚清晰，是近年所見唐初碑誌較完整者。惜當時稿件送達較晚，安排的欄目有字數限制，許多問題未能展開。筆者的思考亦

2 相關成果的綜述參見張廣達〈近年西方學者對中國中世紀世家大族的研究〉，《中國史研究動態》一九八四年第一二期。又見李浩《唐代三大地域文學士族研究（增訂本）》緒論，北京：中華書局，二〇〇八年。

3 原刊《文學遺產》二〇一五年第六期，題為〈新發現唐李百藥墓誌銘及其價值〉，收入本書有改動，見本書同題文章，本文所引李百藥墓誌銘亦據該篇錄文。

〈李敬族墓誌銘〉正面圖（引自《隋唐五代墓誌匯編（河北卷）》第一冊，天津古籍出版社，一九九一年）

拘於就事論事，未能從隋唐士族轉型的大視野解讀史料，對一些宏大論題進行回應；更未能將已出趙郡李氏漢中房支的幾方墓誌放到一塊進行比勘對讀，對士族家族內部的變遷現象進行歸納和釋讀，深化相關研究。

本文是筆者前文的續寫和進一步展開。結合已出土隋唐墓誌等文獻及相關研究成果，談談對趙郡李氏漢中房支的新認識，以期對隋唐士族轉型等社會史上的大關節有新的理解，對學術界的一些流行說法做一點回應。

二、李百藥家族的世系

據新出〈李百藥墓誌銘〉知，李百藥字重規，博陵安平人。祖敬族，父德林，世子安期。等等。提供的有關家族世系的資訊並不特別多。根據《新唐書》卷七二上〈宰相世系表二上〉：「趙郡李氏定著六房：其一日南祖，二日東祖，三日西祖，四日遼東，五日江夏，六日漢中。」李百藥即出自漢中房支。「漢中李氏，漢東郡太守、太常卿武孫頡，後漢博士，始居漢中南鄭。生郃，字孟節，司徒。生固，字子

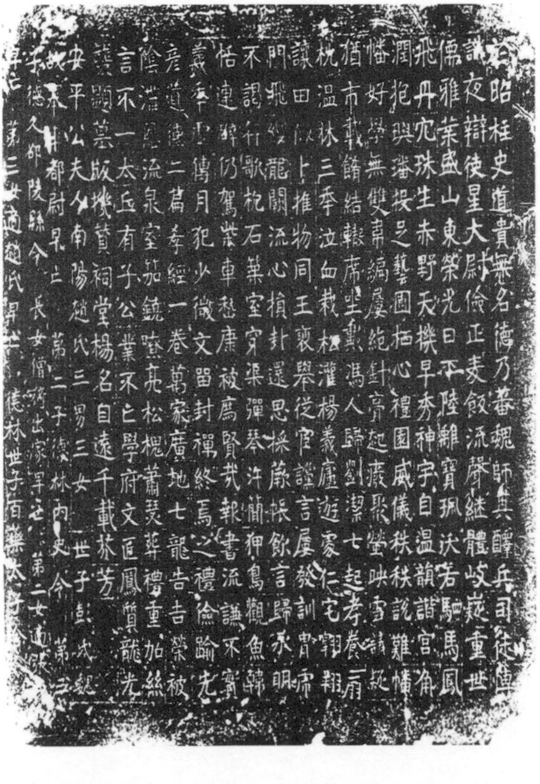

〈李敬族墓誌銘〉背面圖（引自《隋唐五代墓誌匯編（河北卷）》第一冊，天津古籍出版社，一九九一年）

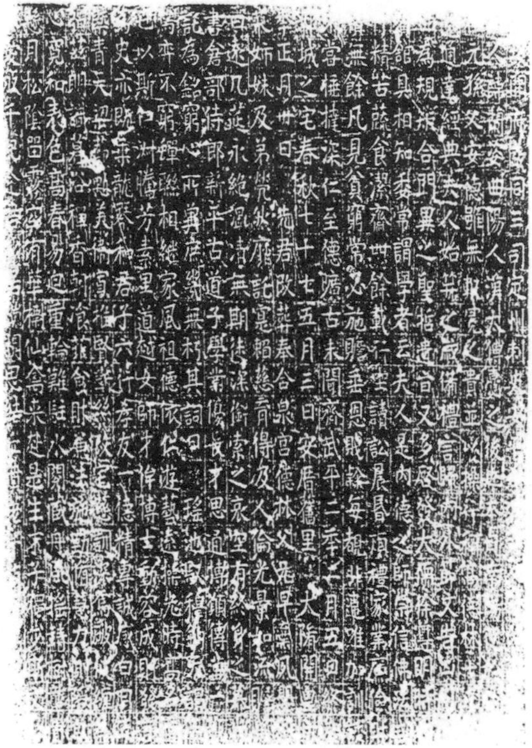

〈李敬族妻趙氏（蘭姿）墓誌銘〉圖（引自《隋唐五代墓誌匯編（河北卷）》第一冊，天津古籍出版社，一九九一年）

堅，太尉。生三子：基字憲公，玆字季公，夔字德公，安平相。十二世孫德林。」李德林即百藥父親。結合新、舊《唐書》本傳及《新唐書・宰相世系表》、〈李敬族墓誌銘〉、〈趙氏（蘭姿）墓誌銘〉及〈李百藥墓誌銘〉等，可以大體知道百藥家族世系的簡表：

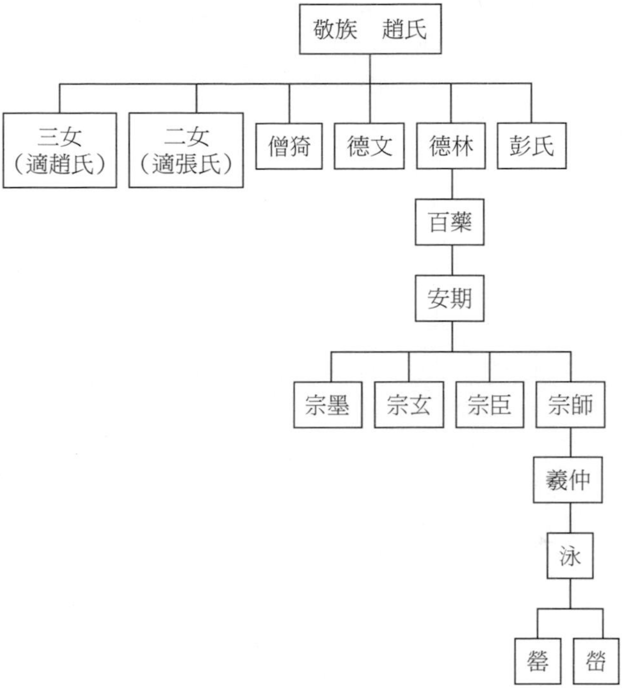

據《新唐書·宰相世系表》知，趙郡李氏出宰相十七人，其中漢中房有李百藥之子李安期，相高宗。毛漢光認為：「有唐一代，在正史與墓誌拓片出現者，以南祖、東祖、西祖為盛支。」[4]綜合所出宰相及人物知，這一判斷還是有根據的。但據〈李敬族墓誌銘〉載，李敬族的「□□祖几，禮讓著稱，備於史冊」。[5]李几，在《魏書》卷八七和《北史》卷八五均有傳，兩書均稱其「七世共居同財，家有二十二房，一百九十八口，長幼濟濟，風禮著聞」，看來確實是一個望族，這個時期應是漢中房支的鼎盛時期，這樣看來〈李敬族墓誌銘〉中所說的「葉盛山東，榮光日平」，也可以從史書的敘述中得到印證。「七世共居同財」、「長幼濟濟」、「風禮著聞」，都是敘述高門大族時的用語，史書所述，當有所依據。〈李百藥墓誌銘〉中提及「志尚謙沖，奉之以庭訓；口絕臧否，稟之於家風」，對家族閥閱沒有過多渲染，但這樣一個大家族，能綿延幾百年，應該在家風家教方面有其足以稱道的地方。

又據《舊唐書》卷七二〈李百藥傳〉：「自德林至安期三世，皆掌制誥。安期孫羲仲，又為中書舍人。」《新唐書·李百藥傳》同（文字及標點斷句微有不同，但不影響語意）。「三世掌制誥」，即三世為中書舍人，在有唐一代也是一樁美談。

《通典》卷二一〈職官三〉中書舍人條：「魏置中書通事舍人，或曰舍人通事，各為一職。晉江左乃合之，謂之通事舍人。武冠，絳朝服，掌呈奏案章。後省之，而以中書侍郎一人直西省，即侍郎兼其職，而掌其詔命。宋初，又置中書通事舍人四員，入直閤內，出宣詔命。凡有陳奏，皆舍人持入，參決於中，自是則中書侍郎之任輕矣。齊永明初，中書通事舍人四員，各住一省，時謂之『四戶』，權傾天下，與給事中為一流。梁用人殊重，簡以才能，不限資地，多以他官兼領。後除『通事』字，直曰中書舍人，專掌詔誥，兼呈奏之事。自是詔誥之任，舍人專之。陳置五人。後魏有舍人省，而不言其員。北齊舍人省掌署敕行下，宣旨勞問，領舍人十人。後周有小史上士二人，此其任也，屬春官。隋內史舍人八員，專掌詔誥。煬帝減四人，後改為內書舍人。大唐初，為內史舍人，至武德三年，改為中書舍人，置六員。龍朔以後，隨省改號，而舍人之名不易。專掌詔誥，侍從，署敕，宣旨，勞

4 毛漢光《中國中古社會史論》第八篇〈從士族籍貫遷徙看唐代士族之中央化〉，第二七六頁，上海：上海書店出版社，二〇〇二年。

5 此處原碑有闕並模糊，「几」字，韓理洲《全隋文補遺》錄文為「正」字，此從羅新、葉煒著《新出魏晉南北朝墓誌疏證》的錄文，解釋亦參考了羅新、葉煒的說法。見《新出魏晉南北朝墓誌疏證》，第三七四—三七六頁，北京：中華書局，二〇〇五年。

問，授納訴訟，敷奏文表，分判省事。」又據《新唐書．百官志二》：「（中書）舍人六人，正五品上。掌侍進奏，參議表章。武則天時稱鳳閣舍人。簡稱舍人。凡詔旨制敕、璽書冊命，皆起草進畫。」故杜佑感嘆地說：「自永淳已來，天下文章道盛，台閣髦彥，無不以文章達。故中書舍人為文士之極任，朝廷之盛選，諸官莫比焉。」[6] 中書舍人之職位，對任職者的文章「藝能」有很高的要求，除了榮寵清要且有上升空間外，還曾一度權知貢舉，故與有唐一代文學的發展關係也至為密切。[7]

三、〈李百藥墓誌銘〉與其祖父母墓誌的對讀

一九六三年在河北省饒陽縣城南二十五里王橋村曾發現隋李敬族夫婦合葬墓。李敬族即李德林的父親，李百藥的祖父。墓葬清理情況曾有簡報敘述，李敬族與其妻趙蘭姿墓誌的錄文整理，也有學者完成，此不贅述。[8] 綜合已有的成果，這兩方墓誌的出土解決了魏晉隋唐文史研究的許多問題，也使趙郡李氏漢中房支的一些細

節清晰起來。比如這兩方墓誌的寫作者問題，說法有歧異。現在看來，兩方誌的誌文都是李德林所作，〈李敬族墓誌〉的銘辭是陸開明所作，而〈趙氏（蘭姿）墓誌〉的銘辭則是古道子所作。[9] 唯現代學者的錄文整理，為了區別誌文與銘辭的不同作者，將這兩方墓誌的誌文與銘辭割裂開來，分別置於兩處，似沒有必要，建議誌文與銘辭完整保留，僅在文末注釋說明即可。關於李德林的生卒年問題，歷來說法不一，有學者據〈李敬族墓誌〉所述李敬族的卒年以及李德林「十六而孤」，可以確定李德林生於北魏孝武帝太昌元年（五三二），卒於隋文帝開皇十二年（五九

---

6 杜佑《通典》卷二十一〈職官〉三中書省中書舍人條，第五六四頁，北京：中華書局點校本，一九八八年。

7 有關唐宋中書舍人的研究成果較多，涉及官職執掌的較新成果如張國剛《唐代官制》（西安：三秦出版社，一九八七年），宋靖《唐宋中書舍人研究》（哈爾濱：黑龍江大學出版社，二〇一〇年）等。涉及與文學關係的如鞠岩《唐代中書舍人與文學研究》，中國人民大學古代文學專業二〇一一年博士論文。

8 參見劉玉杲〈饒陽縣王橋村隋唐墓清理簡報〉，《文物》一九六四年第一〇期。碑誌收錄見《隋唐五代墓誌彙編（河北卷）》第一冊，第三、第四頁，天津：天津古籍出版社，一九九一年。錄文見韓理洲輯校《全隋文補遺》，西安：三秦出版社，二〇〇四年。相關研究見羅新、葉煒著《新出魏晉南北朝墓誌疏證》（北京：中華書局，二〇〇五年），陸揚〈從墓誌的史料分析走向墓誌的史學分析——以《新出魏晉南北朝墓誌疏證》為中心〉，《中華文史論叢》二〇〇六年第四輯（總第八四輯）等。

9 陸揚〈從墓誌的史料分析走向墓誌的史學分析——以《新出魏晉南北朝墓誌疏證》為中心〉，《中華文史論叢》二〇〇六年第四輯（總第八四輯）。

二）。[10]

但是也有些問題，學界展開不夠，或認識上仍有許多歧見，筆者在此不避譾陋，談談自己的一些淺見。

一是李敬族與其妻趙氏均與北魏大儒徐遵明過從甚密，互相揄揚。〈李敬族墓誌〉：「時燕趙數亂，墳素無遺，公家有舊書，學又精博，大儒徐遵明聞而遠至，呼沲之側，別構精廬，共業同心，聲猷俱盛。」〈趙氏（蘭姿）墓誌〉：「聖哲遺旨，又多啟發，大儒徐遵明時在賓館，具相知委，常謂學者云：夫人是內德之師。」案徐遵明是北魏後期北方的大儒，《魏書》和《北史》均有傳。[11] 李敬族夫婦墓的誌文均由其子李德林所撰，故兩方誌的內容互相呼應，似難免有拉名人以表彰其父母的嫌疑。但是至少透露出李氏家族與當時河北學界的聞人有廣泛而密切的聯繫，像徐遵明這樣頗有些狂傲的學者，都能對其父母禮敬有加，其他就更不用說了。又包括李敬族在內的山東士族，素重經學、史學和禮學，其所交往與其所著述的重心，皆在於此一端。這一家學特點一直傳到李百藥這一代，仍能賡續不輟。

二是李敬族妻趙蘭姿奉佛，學者以墓誌體例為由，推廣為李敬族亦奉佛，或有些過於簡單化。據〈趙氏墓誌〉載：「大儒徐遵明時在賓館，具相知委，常謂學者云：夫人是內德之師。崇信佛法，戒行精苦，蔬食潔齋卌餘載，行坐讀誦，晨昏頂禮，家業廉儉，財貨無餘。凡見貧困，常必施贍。」銘文中也說：「破被纏蓋，弘茲明識，暮浴禪香，朝飡菲食。財兼法施，勤修慧力，惻隱自心，寬和表色。」其長女名叫僧猗，出家早亡。確實可以證明趙氏奉佛，其女出家為尼，也應與趙氏的應允有關。案，隋唐間貴族女性奉佛較為常見，著名詩人王維的母親崔氏奉佛，筆者曾以碑誌所見河東裴氏女性為例，做過專門的研究，撰成〈裴氏與佛教信仰〉一文，其中有一節專門討論裴氏家族女性對佛教的修持[12]。李百藥曾撰〈大乘莊嚴經論序〉，對佛典的理解頗深入，當亦與家族熏染有關。百藥之得名，也與趙氏的文化背景有關。據載，李百藥出生後年幼體弱，祖母趙氏為其取名百藥，以冀健吉康強。案，百藥的本意為各種藥物。《逸周書．大聚》：「鄉立巫醫，具百藥，以備疾災。畜五味，以備百草。」《呂氏春秋．孟夏》：「（孟夏之月）聚蓄百藥。」宋代高承《事物紀原．伎術醫卜部．百藥》中也有：「炎帝嘗百藥以治病，嘗藥之時，

10 羅新、葉煒著《新出魏晉南北朝墓誌疏證》，第三七八頁，北京：中華書局，二〇〇五年。

11 見《魏書》卷八四〈儒林傳〉，《北史》卷八一〈儒林傳〉上。

12 見《唐代三大地域文學士族研究》（增訂本），第二六三至二六九頁，北京：中華書局，二〇〇八年。

百死百生。」佛教中也有藥師菩薩，百藥之得名，寄託著祖母趙氏對晚輩健康長壽的無限希冀。

中國古代士人，思想兼容並包，儒釋道互補，達則兼濟，窮則獨善，根據出處行藏的環境需要，分別彰顯其思想的某些側面，較少一意孤行走極端。反倒是家庭女性，容易把思想與信仰不斷踐行，不斷強化而成某種鮮明特色。

三是李德林、李百藥父子兩世掌史職，修史書。正如司馬談與司馬遷父子先後執掌太史令一樣，李德林、李百藥父子也是先後執掌史職。李德林經歷齊、周、隋三朝，在齊官至中書侍郎，在周官至御正下大夫，在隋官至內史令。他在北齊時就參加了「國史」的編寫，寫成紀傳二十七卷，隋時擴充為三十八篇。李百藥的《北齊書》就是在其父的《齊書》與王劭的《齊志》的基礎上，擴充改寫而成的。很顯然，「家有舊書」與史館的豐富藏書為其能夠在文史領域有所作為提供了基本條件，父子世代累積的材料是其成果的工作基礎，而家風熏習、家學傳承則是保證其能勝任此一工作的學術資質。這樣看來，漢中房支中李德林、李百藥家族，除了「七世共居同財」、「三世皆掌制誥」外，還曾兩世掌史職，前赴後繼，才完成《北齊書》的寫作。

四、從葬地改變看漢中房支的轉型

〈李百藥墓誌銘〉：「昔京兆杜預託芒山而建塋，河內張文相牛亭而卜地。長彥親無反魯，時賢謂之通人；季札子不還吳，元聖以為達禮。今遵遺令，以其年十一月十九日遷厝於雍州萬年縣少陵原，禮也。」在遷葬事前引述了四位古人的事例，作為支撐「遷厝」的根據。在今天看來，似有些多此一舉。但若稍瞭解隋唐時的喪葬習俗，特別是習俗背後所潛藏的家族遷徙流動資訊，作為精神家園的舊圖騰的暗淡與作為家族活動重心的新標竿的凸顯，或許能從這些瑣屑的敘述中找到重新理解的視角。

陳寅恪〈論李栖筠自趙徙衛事〉：「吾國中古士人，其祖墳住宅及田產皆有連帶關係。觀李吉甫，即後來代表山東士族之李黨黨魁李德裕之父所撰《元和郡縣圖志》，詳載其祖先之墳墓住宅所在，是其例證。其書雖未述及李氏田產，而田產當亦在其中，此可以中古社會情勢推度而知者。故其家非萬不得已，決無捨棄其祖塋舊宅並與塋宅有關之田產而他徙之理。此又可不待詳論者也。」[13] 值得玩味的是，史家陳寅恪論及中古社會史上這一重要現象，正是從喪葬地及遷葬這一習俗說開來的。他集中討論的兩個作為例證的個案，[14] 恰好都是趙郡李氏，只不過他提及的李吉甫、李德裕屬趙郡李氏西祖房，而本文擬討論的李敬族、李百藥則屬趙郡李氏漢中房。

又據〈李敬族墓誌銘〉：「武定五年十一月十四日薨於鄴城之宅，春秋五十三。十二月廿一日安厝舊里。……六年正月卅日，改葬於饒陽縣城之東五里敬信鄉。」〈趙氏（蘭姿）墓誌銘〉：「齊武平二年二月五日，終於鄴城之宅，春秋七十七。五月三日，安厝舊里。大隋開皇六年正月卅日，先君改葬，奉合泉宮。」這兩塊墓誌就是從葬地出土的。考慮到李敬族、李德林父子長期在北齊、北周及隋的朝廷任職，應在洛陽、長安有居住地，喪地又是鄴城，但他們還是循舊例，選擇由卒地鄴城遷葬回河北饒陽。他們夫婦的歸葬，原因與陳寅恪文中所述相同。李德林的墓誌未見，其卒葬地的資訊暫空缺。

到了李百藥，情況就發生了重大的變化，他「遷厝於雍州萬年縣少陵原」。但是，他的「遷厝」，究竟是暫厝，還是改遷新葬地？如是改遷新葬地，則象徵家族新貫或遷徙新標竿的正式形成，於社會史與移民史研究就有另外一番象徵意義了。

我們看文獻中對「遷厝」一語的習慣用法：顏之推《顏氏家訓．終制》：「先君、先夫人……旅葬江陵東郭，承聖末，已啟求揚都，欲營遷厝。」《南史．孝義傳下》：「（沈崇傃）家貧無以遷厝，乃行乞經年，始獲葬焉。」駱賓王〈上吏部裴侍郎書〉：「藜藿無甘旨之膳，松檟闕遷厝之資。」可見，習慣上是將遷厝作為改遷歸葬的替換詞，與「權厝」、「暫厝」的用法還是有差別的。入唐以來，李氏漢中房支放置這一標竿的地點既不是饒陽舊塋，也不是祖父母所居的鄴城，或河南府的洛陽，而是京兆府長安，似有一種特別的意義。

毛漢光在前人研究的基礎上，歸納墓誌及史傳中的大量材料，提出中古士人遷徙的「雙家型態」，[15]我本人在毛漢光的基礎上通過翻檢隋唐墓誌資料進一步發現，「多家型態」應是士人遷徙的常態。[16]毛漢光將其理論模式用於討論士族籍貫遷徙

13《金明館叢稿二編》，第二頁，北京：生活．讀書．新知三聯書店，二〇〇一年。

14 另一見〈李德裕貶死年月及歸葬傳說辨證〉，亦收入《金明館叢稿二編》，北京：生活．讀書．新知三聯書店，二〇〇一年。

15 毛漢光《中國中古社會史論》，第二四五頁，上海：上海書店出版社，二〇〇二年。

16 參見拙著《唐代三大地域文學士族研究》（增訂本），第二五九頁，北京：中華書局，二〇〇八年。

與唐代士族的中央化問題，並就唐代士族十姓十三家的遷徙進行了細緻的梳理，述及趙郡李氏時，毛漢光的研究結論是，趙郡李氏九個著房支，五個在河南府，二個在京兆府，一個在鄭州，一個在汝州。[17] 毛漢光的研究同樣是以墓誌中的卒地、葬地作為關鍵點進行詳細的計量統計歸納，有非常重要的意義，令中古社會史研究煥然一新。但若進一步推敲或吹毛求疵，則毛氏的羅列中並沒有提及漢中房支。而李百藥墓誌的出土及本文的努力，可以補充完善並細化毛氏關於中央化的宏大敘述。當然，就漢中房支的更詳細更全面的敘述，還有賴於更多的文獻、特別是更多的新史料的出土。

筆者以往的研究主要是用所討論的材料和個案來印證陳寅恪、毛漢光諸位的觀點，以為只要所引材料能佐證他們的看法，我的工作就大功告成了。最近不斷思考，感覺我的闡釋不能就此止步，應將陳氏對「祖塋地改變」的釋讀及毛氏關於「中央化」的論述再朝前推一步，如能將其與「唐宋變革」理論聯繫起來理解，或者放在更宏大的背景下，從中古社會轉型、士族蛻變為家族的大視野來思考，許多碎片化的史料就會像鐵屑圍繞磁極一樣，不僅活化起來，而且有了更多的整齊一致趨向。這也是筆者刻意在本文題目中嵌入「轉型」這一範疇的用意。

首先，陳寅恪的例證旨在說明，一直到了中唐，山東舊族仍堅守舊習，把葬地置於祖塋之所在，這是在表彰舊族能守護慎終追遠的本意。本文所提供材料，則是一個反證，說明即使在山東著姓趙郡李氏內部，這種堅守也並非鐵板一塊，一成不變。恰恰相反，早在初唐時期，以葬地的改變完成家族活動重心的變化，在漢中房支中已有例子。故本文捅破了士族保守性的窗紙，說明在時代變化後，士族也在隨俗雅化，與時俱變。

其次，家族遷徙引出家族的社會流動，而社會流動的持續性與規模化，透露出社會轉型的許多重要消息。唯研究社會史者受到「唐宋變革論」說法的拘限，認為這種轉型只能出現在中唐，完成於南北宋之交。本文無意質疑這一二十世紀的主流理論，唯通過李敬族——李百藥祖孫葬地改變的案例，至少說明轉型變化的上限可以朝前推。其實，毛漢光《中國中古社會史論》、《中國中古政治史論》所涉及的例證更多，只是毛氏論述的重點不在於此，故好多人也對此習焉不察罷了。

其實，士族變遷流動從魏晉南北朝時期即已開始，按照田餘慶的觀點，嚴格意

17 毛漢光《中國中古社會史論》，第三二九頁，上海：上海書店出版社，二〇〇二年。

義上的門閥士族，只存在於東晉一朝，[18]故不光南朝的士族在變化，北朝的士族也在變。入唐以來，圍繞著《氏族志》的編修、續修所引出的幾場大討論大交鋒，說明舊族的影響力與新勢力的此消彼長，只有這樣，中唐以後貴族社會逐漸轉型為官僚社會才有可能。歷史唯一不變的主題就是變化，於此亦可窺一斑。

當然，用「轉型理論（transformation theory）」[19]來闡釋中古社會政治的重大變革是一種新的嘗試，這方面的成果還較少，故本文的立論能否圓融地解釋中古時期錯綜複雜的社會文化現象，還需要學界方家加入討論，我自己也願意不懈地努力。

五、李百藥的文學創作

舊時提及百藥，多稱讚其五言詩，《舊唐書．李百藥傳》說：「藻思沉鬱，尤長於五言詩。」《唐詩紀事》卷四「李百藥」條引用此說。胡震亨《唐音癸簽》具體通過作品評論說：「藻思沉鬱，尤長五言，如『柳色迎三月，梅花隔二年』，含巧於碩，才壯意新，真不虛人主品目。」按「柳色」兩句出自〈奉和初春出遊應令〉一篇，全詩為：「鳴笳出望苑，飛蓋下芝田。水光浮落照，霞彩淡輕煙。柳色迎三月，梅花隔二年。日斜舊騎動，餘興滿山川。」寫出遊晚歸，全篇勻稱靈動，「柳色」兩句，與王灣〈次北固山下〉「海日生殘夜，江春入舊年」，杜審言〈和晉陵陸丞早春遊望〉「雲霞出海曙，梅柳渡江春」，均寫早春景象而各臻其妙，可以互相比較映

18 見田餘慶《東晉門閥政治》，北京：北京大學出版社，一九九六年出版。

19 所謂轉型，是指事物的結構形態、運轉模型和人們觀念的根本性轉變過程。不同轉型主體的狀態及其與客觀環境的適應程度，決定了轉型內容和方向的多樣性。「社會轉型」（social transformation）是社會學家借用生物學的概念。在生物學家看來，「轉型」是指物種間的變異，即微生物細胞之間以裸露的去氧核糖核酸的形式轉移遺傳物質的過程。社會學家David H. Harrison於一九八八年著《The Sociology of Modernization and Development》一書，在書中已提出social transformation（社會轉型）的概念。西方社會學家借用此概念來描述社會結構具有進化意義的轉換和質變，藉以說明傳統社會向現代化範型（modernization paradigm）社會結構的轉換。只不過生物學上的轉型，來自環境的變異性，但社會轉型則是一種集體意識下、自覺性選擇和價值性追求的過程，一種社會的整體性變遷與發展。中國學人關於社會轉型的論述頗多，但側重於敘述當代社會的變遷，具體觀點與見解差異頗大，此不贅述。實際上，中外學人已注意到用轉型、社會轉型來描述唐宋時期的這場變革。如一九八二年郝若貝（Robert M. Hartwell）發表〈七五〇—一五五〇年中國的人口、政治、社會轉型〉（Robert M. Hartwell, "Demographic, Political, and Social Transformations of China, 750-1550", Harvard Journal of Asiatic Studies, 42.2, 1982），包弼德撰、劉寧譯〈唐宋轉型的反思——以思想的變化為主〉（劉東主編《中國學術》第一卷第三期，北京：商務印書館，二〇〇〇年），陳弱水《唐代文士與中國思想的轉型》（增訂本，臺北：臺大出版中心，二〇一六年）等。

襯。唯百藥的作品出現較早，杜審言、王灣有可能受他作品啟發後始有玲瓏的興象，清新的境界。

其實，百藥受到皇帝稱誦的還有〈帝京篇〉，據劉肅《大唐新語》卷八〈文章〉：「太宗嘗製〈帝京篇〉，命其和作，歎其精妙，手詔曰：卿何身之老而才之壯，何齒之宿而意之新！」新、舊《唐書》本傳皆徵引此段，後來的《唐詩紀事》、《唐才子傳》所引亦本於此。惜李百藥的和作已佚，我們不能知道何以他的這首詩能引出太宗身老才壯、齒宿意新的評價。近現代人所編文學史、作品選或各種唐詩唐文選本對百藥作品的介紹及選錄極少，比歷代詩文評中更吝其筆墨。所以有必要對他的創作稍加展開，作些評議。

從數量上來說，《全唐詩》錄其詩二十六題二十七首（其中含〈火鳳詞〉二首，輯句一首），加上《全唐詩補編》所輯三首，共三十首。《全唐文》卷一四二、卷一四三兩卷共收文十四篇，[20]再加上《唐文拾遺》輯補三篇，共十七篇。這個數量放在整個唐代文學史上不算突出，但放在隋唐易代之際的作家中，還是不錯的。

從題材上看，他的作品不僅僅是奉和應制，也不僅僅是詠懷古蹟。以詩而言，還有紀行作品，也有送行贈別。以文而言，有詠物的〈鸚鵡賦〉、〈笙賦〉，也有政論的〈封建論〉、〈贊道賦〉。《舊唐書》本傳抄錄〈封建論〉原文，《新唐書》本傳評論說：「時議裂土與子弟功臣，百藥〈上封建論〉，理據詳切，帝納其言而止。四年，授太子右庶子。太子數戲媟無度，乃作〈贊道賦〉以諷。」特別是還有關於時事的〈安置突厥議〉、〈勸封禪表〉、〈請放宮人封事〉等。〈墓誌銘〉稱其「情忘寵辱，心混是非」，不過是蓋棺後冠冕堂皇的表揚話。通過這些作品，可以看出，他有鮮明的是非判斷標準。此外，他的〈大乘莊嚴經論序〉一文，可以看出他的佛學見解。

從體裁來看，除五言詩外，他傳世的作品還有賦、頌、表、議、封事、序、論、塔銘、碑銘、哀冊文等，當然還有著作類的《北齊書》。

《大唐新語》卷八：「（百藥）及懸車告老，怡然自得，穿地築山，以詩酒自適，盡平生之意。」[21]《舊唐書》本傳亦援引此段材料，後代襲之。唯「穿地築山」的細節不得而知。《全唐詩》中存有他的兩首園林集會詩，一首是〈安德山池宴集〉，

20 《中國文學家大辭典》（唐五代卷）對其詩、文數量的統計均有誤，參見該書第二七三頁，北京：中華書局，一九九二年。

21 「地」，《舊唐書》本傳作「池」。

另一首是〈和許侍郎遊昆明池〉。其中前首中的安德山池是楊師道山池，在長安。師道是隋宗室，尚桂陽公主，封安德郡公。每退朝後，必引當時英俊，宴集山池，而文會之盛，當時莫比。[22]據考證，參加宴集文會的除楊師道、李百藥外，還有岑文本、劉洎、褚遂良、楊續、許敬宗、上官儀等。[23]我自己及時賢過去僅從雅集聚會角度關注這兩篇作品，[24]實際上它們也是非常有特色的園林詩，從園林學角度來看，也有許多可圈點處。又，陸開明撰〈李敬族墓銘〉還提及李敬族「行歌枕石，築石穿渠。彈琴汗簡，狎鳥觀魚」，[25]似乎李百藥的祖父也有泉石之好。唯李敬族、李百藥祖孫在何處穿池築山，營構園林，他們的園林究竟是大還是小，是奢華還是簡樸，尚不能確定，只能等待更新的出土文獻或傳世資料來補充。

六、本文小結與進一步的推論

1.孤立起來看，〈李百藥墓誌銘〉提供了初唐社會文化政治的不少碎片資訊；若將其與〈李敬族墓誌銘〉、〈趙氏（蘭姿）墓誌銘〉聯繫起來對讀，資訊量就更大；

新出隋唐文物文獻甚夥，如能做進一步梳理，並能結合傳世文獻，不僅作史料比勘，而且能做深入的史學分析，其意義將會逐漸顯示出來，新文獻的價值也會逐漸為人們所認知。

2.陳寅恪以趙郡李氏西祖房即李德裕祖孫喪葬地及祖塋所在分析山東高門大姓的變與不變，本文重點討論李氏漢中房之喪葬地的改變。表面上看，似有模仿之嫌。但若注意到陳氏所選個案在中唐時代，與「唐宋變革論」的宏大敘事合。本文所舉案例在隋末唐初時期，似乎與流行的各種社會政治史敘述模式沒有關聯，這又是同中之異。

3.本文拈出「轉型」一語的微意，就是試圖在已有的敘述話語系統和錯綜複雜

22 《舊唐書》卷六二〈楊恭仁傳〉附傳。考證見拙著《唐代園林別業考錄》，第五五頁，上海：上海古籍出版社，二〇〇五年。

23 參見《全唐詩》卷三三、卷三五、卷四〇、卷四三，考證見拙著《唐代園林別業考論》，第一一九頁，西安：西北大學出版社，一九九八年。

24 參見拙著《唐代園林別業考論》第六章第一節，西安：西北大學出版社，一九九八年修訂版。較系統討論唐代集會與文會的成果，參見賈晉華《唐代集會總集與詩人群研究》，北京：北京大學出版社，二〇〇一年。

25 韓理洲輯校《全隋文補遺》，第五二頁，西安：三秦出版社，二〇〇四年。

的新史料之間建立某種關聯性。眾所周知，「唐宋變革論」是以中唐作為社會變遷的開端，而在筆者看來，這個起點似可上推，筆者所選的這個案例以及毛漢光的系列研究已經證明，以喪葬地的改變來表徵家族活動中心的變化，並不始於中唐，甚至也不始於初唐，在西魏北周或更早就已出現，這樣「中央化」或轉型的開始也隨之可以朝前推，只不過這種變化並不是暴風驟雨式的，而是潛轉暗換，而且還有數量上的多或少、規模上的大或小、性質上的顯或隱的區別。

4. 對士族轉型或整個中古社會轉型有重大影響的一系列變遷在初唐時期已露端倪：一是從鄉村向城市的轉變，即中古社會的城市化趨勢。二是從南向北的遷徙流動。永嘉之亂，晉室渡江，大姓世族亦隨之南遷，南朝自恃為正朔所在。隋末唐初以來，士人為了仕進，又由南返北，並將喪葬地及家族活動的中心也遷到了長安、洛陽一帶。三是從桑梓故里向政治文化中心的轉變，即毛漢光所謂「中央化」趨勢。四是由經學世家向文史政事家族的轉變。五是由文史家族向文學詞臣家族（即陳寅恪所謂「進士詞科階層」）的轉變，這幾點均在李德林、李百藥家族中有所表現。六是由察舉制向科舉制的轉變。此一轉變與前列各點多有交叉重疊，出現於隋，制度化於初盛唐，對唐代乃至整個前現代的中國都發生重大影響，也是士族轉型及中古社會轉型的重要推手，唯因與本文重點討論的李百藥家族關係不大，故這裡僅僅列出，不再贅述。

新見李白姻親宗氏夫人墓誌考略

陝西榆陽區古代碑刻藝術博物館藏有唐代宗氏夫人墓誌一盒，包括誌蓋和墓誌兩部分。其中誌蓋高三十九釐米，寬三十九釐米，厚五釐米。墓誌高四十一點五釐米，寬四十一點五釐米，厚十釐米。誌蓋用篆體，題為〈唐故夫人宗氏墓誌銘〉。墓誌題為〈故主爵郎中彭州刺史李偡妻南陽郡君宗氏墓誌銘〉（以下簡稱為「〈宗氏墓誌銘〉」）。據墓誌知，此宗氏為宗楚客次女。從事李白研究者都知道，李白有妻是宗楚客之孫女。那麼，本墓誌的主人與李白妻宗氏的父親應該是姐弟關係或兄妹關係，與李白有姻親關係。出於好奇，筆者將這一方墓誌先行整理，並做粗淺探討，希望能對拓展和深化唐代文史及李白研究，有所助益。

一、墓誌的錄文

故主爵郎中彭州刺史李偡妻南陽郡君宗氏墓誌（銘）」

京兆府萬年尉趙岊撰　外甥華州司士參軍王嚴（書）」

夫人姓宗氏，南陽人也。漢廣化行，南紀蓋（？）萃。宗華族茂，人」望世德。兆自翼軫之郊，入居股肱之地。曾祖明，隨司隸」校尉、五兵尚書、開府儀同三司、建平公。祖岌，皇鄧州」刺史、益州長史，食封三百戶。父楚客，皇光祿大夫、兵」部尚書兼中書令、弘文館大學士、修國史、上柱國、郢國公，」食封七百戶。夫人即令（？）君之第二女，則天大聖天后之」離孫也。親賢外榮，姻戚中貴。西陵誕襲，南正將司。媧皇補」天之功，吾門登翼；少康祀夏之典，中令緝熙。夫人年十五」出適　皇族主爵郎中李氏。天父位瑤光之近，丈夫姿」玉潤之高。良人傾好於衿鞶，嬌女尚詠於紈素。盈滿之戒」，顛覆何依？中心吊傷，變深為谷。比目離析，哀同逝川。焚玉」方識於堅貞，茹荼以忘其生死。家亡依所親世祀，服李氏」之喪無替，可謂潔白守其志哉。躬撫姊之二孤女，人莫知」其外甥，可謂慈仁重於義矣。三從靡（詑），而六行塞充，洎彤」管所紀，未有若斯之高行者也。春

〈宗氏墓誌銘〉誌蓋拓片

〈宗氏墓誌銘〉拓片

秋五十，開元廿七年七」月廿六日，暴疾終於宣平里。以八月六日葬於京東南之」原。存著令節，歿有餘痛。孤魂未祔，記同穴之非古。云：」

家榮族偪，易世何常？覆巢焚次，貞姬未亡。惟彼松柏，後凋」雪霜。孝義餘裕，慈仁有光。凶短不幸，遺孤善喪。南鄰下杜，」北望未央。哀哉厚夜，孤石幽藏。」

二、墓誌中一些語詞概念的疏解

漢廣、南紀，均出自《詩經》，此指宗氏郡望南陽。《詩．小雅．四月》：「滔滔江漢，南國之紀。」鄭玄箋：「江也，漢也，南國之大水，紀理眾川，使不壅滯；喻吳楚之君能長理旁側小國，使得其所。」後因以指南方。南朝梁江淹〈王侍中為南蠻校尉詔〉：「贊政南紀，播惠西夏。」

翼軫之郊，翼軫是二十八宿中的翼宿和軫宿。古為楚之分野。《史記．天官書》：「翼軫，荊州。」荊州是古九州之一，翼軫之郊，應該是指宗氏的郡望南陽。

股肱之地，當指河東。《新唐書》卷七四上〈宰相世系四上〉：「宗氏出自子姓。宋襄公母弟敖仕晉，孫伯宗為三卿所殺，子州犂奔楚，食采於鍾離。州犂少子連，家於南陽，以王父字為氏，世居河東。」除與宗氏祖先的聯繫外，河東也是唐王朝及隋唐統治者的發跡之地，屬於最基本的統治區，故稱。

西陵，古國名。《史記．五帝本紀》：「黃帝居軒轅之丘，而娶於西陵之女，是為嫘祖。」張守節正義：「西陵，國名也。」這裡或指宗氏為則天從姊之子。

南正將司。《國語．楚語下》：「顓頊受之，乃命南正重司天以屬神，命火正黎司地以屬民。」韋昭注：「南，陽位。正，長也。司，主也。屬，會也。所以會羣神，使各有分序，不相干亂也。」《史記．太史公自序》：「昔在顓頊，命南正重以司天，北正黎以司地。」《晉書．律曆志中》：「洎於少昊則鳳鳥司曆，顓頊則南正司天。」北周庾信〈三月三日華林園馬射賦〉序：「我大周之創業也，南正司天，北正司地。」

媧皇補天之功，以女媧補天隱喻武后革命。《淮南子．覽冥訓》：「往古之時，四極廢，九州裂，天不兼覆，地不周載。火爁炎而不滅，水浩洋而不息。猛獸食顓民，鷙鳥攫老弱。於是女媧煉五色石以補蒼天，斷鼇足以立四極，殺黑龍以濟冀州，積蘆灰以止淫水。蒼天補，四極正，淫水涸，冀州平，狡蟲死，顓民生。背方州，抱圓天。和春陽夏，殺秋約冬，枕方寢繩，陰陽之所壅沉不通者，竅理之；逆氣戾物，傷民厚積者，絕止之。」《列子．湯問》：「天地亦物也。物有不足，故昔者女媧氏煉五色石以補其闕；斷鼇之足以立四極。其後共工氏與顓頊爭為帝，怒而觸不周之山，折天柱，絕地維，故天傾西北，日月辰星就焉；地不滿東南，故百川水潦歸焉。」

《新唐書》卷一二三〈宗楚客傳〉：「楚客，武后從姊子，長六尺八寸，明皙美鬚髯。及進士第，累遷戶部侍郎。兄秦客，垂拱中，勸武后革命，進為內史，而弟晉卿典羽林兵。」[1]

少康祀夏之典，中令緝熙。少康是夏朝的第六代君王，起兵殺死了當時篡位的寒浞，復興夏朝。從太康失國到少康復國，經過三代人、約四十年鬥爭，終於重新奪回政權。少康在伯靡及夏后氏貴族擁戴下，繼位為夏王，恢復禹的業績，奉祀夏的祖先和天帝，各地諸侯、方伯復歸於夏。《左傳．哀公元年》：「后緡方娠，逃

1 《新唐書》第一三冊，卷一〇九〈宗楚客傳〉，第四一〇一—四一〇二頁，北京：中華書局點校本，一九七五年。

出自竇，歸於有仍，生少康焉，為仍牧正……有田一成，有眾一旅，能布其德而兆其謀，以收夏眾，撫其官職。使女艾諜澆，使季杼誘豷，遂滅過、戈，復禹之績。」《左傳．襄公四年》：「靡奔有鬲氏。浞因羿室，生澆及豷，恃其讒慝詐偽而不德於民。使澆用師，滅斟灌及斟尋氏。處澆於過，處豷於戈。靡自有鬲氏，收二國之燼，以滅浞而立少康。少康滅澆於過，后杼滅豷於戈。有窮由是遂亡，失人故也。」緝熙，指光明，也可引申為光輝。《詩．大雅．文王》：「穆穆文王，於緝熙敬止。」毛傳：「緝熙，光明也。」又《周頌．敬之》：「日就月將，學有緝熙於光明。」鄭玄箋：「緝熙，光明也。」班固《典引》：「宣二祖之重光，襲四宗之緝熙。」劉勰《文心雕龍．時序》：「並文明自天，緝熙景祚。」李邕〈贈安州都督王仁忠神道碑〉：「緝熙遠略，繩準嘉言。」

文中以「少康祀夏」代指神龍元年（七〇五）太子中宗復位，復國號唐。《新唐書》卷一〇九〈宗楚客傳〉：

> 楚客性明達。武后時，降突厥沓實力吐敦者，部落在平夏。會邊書至，言吐敦反，楚客為兵部員外郎，后召問方略，對曰：「吐敦者，臣昔與之言，其為人忠義和厚，且國家與有恩，必不反。其兄之子默子者，狡悍，與吐敦不和，今言叛，疑

默子為之，然無能為。」俄而夏州表默子劫部落北奔，為州兵及吐敦所擒。後張仁亶請築三城，議者或不同，獨楚客言：「萬世利也。」然冒於權利，嘗諷右補闕趙延禧陳符命以媚帝，曰：「唐有天下，當百世繼周，陛下承母禪，周、唐一統，其符兆有八：天皇再以陛下為周王，是在唐興周，則天立陛下為皇太子，是在周與唐，一也；天后立文王廟，二也；唐同泰〈洛水圖〉云：『永昌帝業』，三也；讖曰：『百代不移宗』，四也；孔子曰：『百世繼周』，五也；〈桑條韋歌〉，應二聖在位九十八年，而子孫相承九十八世，六也；乃二月慶雲五色，天應以和，七也；去六月九日，內出瑞蒜，八也。起則天為一世，聖朝為二世，後子孫相承九十八，其數正滿百世，唐之曆乃三千餘年。」帝大喜，擢延禧諫議大夫。識者以楚客等欺神誣君，且有大咎。[2]

衿鞶，古代男女繫於衣帶上用於佩飾的小囊。《儀禮．士昏禮》：「庶母及門內施鞶，申之以父母之命，命之曰：敬恭聽宗爾父母之言，夙夜無愆，視之衿鞶。」鄭玄注：「鞶，鞶囊也。男鞶革，女鞶絲，所以盛帨巾之屬，為謹敬。」後以「衿鞶」

2《新唐書》第一三冊，卷一〇九〈宗楚客傳〉，第四一〇二—四一〇三頁，北京：中華書局點校本，一九七五年。

用作敬奉公婆的典實。

南鄰下杜，北望未央。下杜是唐代長安郊外的地名，未央是漢代宮殿名。銘文中的這兩個地名，是用來指其葬地的方位，向南靠近下杜，向北可望未央宮，與本誌前文中的「葬於京東南之原」，互相呼應。

三、墓誌所記宗氏世系

關於宗楚客世系，《舊唐書》本傳只提及兄弟，再無敘述。《新唐書》本傳謂：

> 宗楚客字叔敖，其先南陽人。曾祖丕，後梁南弘農太守，梁亡入隋，居河東之汾陰，故為蒲州人。父岌，仕魏王泰府，與謝偃等撰《括地志》。[3]

但與《新唐書》卷七十四上〈宰相世系四上〉中的記載有異：

> 宗氏出自子姓。宋襄公母弟敖仕晉，孫伯宗為三卿所殺，子州犂奔楚，食采於鍾離。州犂少子連，家於南陽，以王父字為氏，世居河東。
>
> 明，隋司隸刺史。

岌，魏王府記室、巴西主簿。

秦客，相武后。

楚客，字叔敖，相武后、中宗。

晉卿，司農卿。

鄭卿。

宗氏宰相二人。秦客、楚客。[4]

可見，新傳認為宗丕為其曾祖、宗岌為其父，未提及其祖的名諱。新表則說宗明為其祖，宗岌為其父。兩者顯然有差別。今據〈宗氏墓誌銘〉：

曾祖明，隋司隸校尉、五兵尚書、開府儀同三司、建平公。祖岌，皇鄧州刺史、益州長史，食封三百戶。父楚客，皇光祿大夫、兵部尚書兼中書令、弘文館大學士、修國史、上柱國、郢國公、食封七百戶。

據此知，宗楚客的祖父應該是宗明，父親是宗岌。〈世系表〉與〈宗氏墓誌銘〉

3 《新唐書》第一三冊，卷一〇九〈宗楚客傳〉，第四一〇一頁，北京：中華書局點校本，一九七五年。

4 《新唐書》第一〇冊，卷七十四上〈宰相世系四上〉，第三一五六—三一五七頁，北京：中華書局點校本，一九七五年。

是。但《新唐書》本傳中的「曾祖丕」從何而來，為何不提及祖父呢？考丕字與明字意思可互相解釋，如果說丕即明，那應該是宗氏夫人的曾祖，宗楚客的祖父？為何《新唐書》本傳僅提及曾祖父，而不提起祖父呢？因史料不足，暫存疑。不過，據宗氏夫人墓誌銘和新表，我們可以羅列出宗氏的世系簡況：

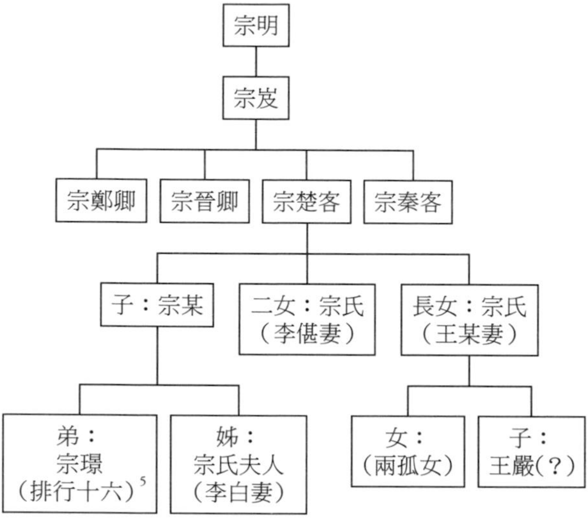

四、墓誌對宗楚客事件的評價

宗楚客（？—七一〇），字叔敖，蒲州（今山西永濟縣西）人，祖籍南陽（今河南南陽市）。武后從父姊之子。工詩，《全唐詩》錄存其詩六首，其中〈奉和人日清暉閣宴群臣遇雪應制〉、〈奉和幸安樂公主山莊應制〉等，詞藻典麗，對仗精工，為舊時選家所稱賞。事蹟見《舊唐書》卷九二〈蕭至忠傳等附〉、《新唐書》卷一〇九，新、舊《唐書．則天皇后紀》，《朝野僉載》卷三、卷五等。

新文獻可直接補宗楚客傳者較少，但也還有些值得關注。如史傳提及宗的出生地，未提及舊貫。另外，本墓誌銘寫於開元二十七年（七三九），距離景龍四年（七一〇）宗楚客伏誅已經過了二十九年，故墓誌銘中對當時的事件稍淡化，可以看出墓誌銘對宗楚客的評價，與史傳敘述差別較明顯。

〈宗氏墓誌銘〉述及宗楚客時寫到：

5 李白〈竄夜郎於烏江留別宗十六璟〉：「我非東床人，令姊忝齊眉。」安旗主編《李白全集編年箋注》第三冊，第一三六〇頁，北京：中華書局，二〇一五年。

父楚客，皇光祿大夫、兵部尚書兼中書令、弘文館大學士、修國史、上柱國、郢國公，食封七百戶。夫人即令君之第二女，則天大聖天后之離孫也。親賢外榮，姻戚中貴。西陵誕襲，南正將司。媧皇補天之功，吾門登翼；少康祀夏之典，中令緝熙……家榮族偪，易世何常？覆巢焚次，貞姬未亡。

《舊唐書》卷九二〈宗楚客傳〉史臣評論說：

史官曰：大帝、孝和之朝，政不由己，則天在位，已絕綴旒，韋后司晨，前蹤覆轍。當是時，姦邪有黨，宰執求容，順之則惡其名彰，逆之則憂其禍及，欲存身致理者，非中智常才之所能也……楚客、晉卿、處訥等讒諂並進，威虐貫盈，不使逃刑，可謂政正。

贊曰：為唐重臣，食唐重祿。顛危不持，富貴何足。二宗、一紀，讒邪酷毒。與前數公，死不知辱。[6]

李白有〈竄夜郎於烏江留別宗十六璟〉，是寫給宗楚客的一個孫子宗璟的，後文還要談及，詩中也涉及到對宗家事件的評論，可以與本誌的記述對讀：

君家全盛日，台鼎何陸離。斬鼇翼媧皇，煉石補天維。一迴日月顧，三入鳳凰池。失勢青門傍，種瓜復幾時。猶會眾賓客，三千光路歧。皇恩雪憤懣，松柏含榮滋。我非東牀人，令姊忝齊眉。[7]

從時間上說，〈宗氏墓誌銘〉距離宗楚客事件最近，其次是李白詩，最後才是《舊唐書》。但本誌的撰寫者萬年尉趙岊是為人寫墓誌，李白詩是題贈給妻弟的，故涉及到宗氏家族的這件大事，都不能算是一種史筆，僅僅是應酬文字的一種客套。對宗氏事件後來似乎有個重新評定，墓誌用「少康祀夏之典，中令緝熙」之語，李白詩用飽含感情的筆調寫道：「皇恩雪憤懣，松柏含榮滋。」王琦注本對此句的按語：「其行跡若此，乃太白有『斬鼇翼媧皇，煉石補天維』之褒，誅後亦未聞放罪之辭，贈葬之典，乃太白有『皇恩雪憤懣，松柏含榮滋』之美。在詩人固多溢頌之辭，又為親者諱，不得不然。若深敘情親，少序家世，更為得體矣。」安旗先生串講詩意，補注說：「二句言宗氏失勢未久，得以昭雪。」[8] 王琦注曲近深衷，安旗先生串釋詩意，各有所得。據目前已有史料，官方公開的平反昭雪似未見，但對宗

6 《舊唐書》第九冊，卷九二〈宗楚客傳〉，第二九七三頁，北京：中華書局點校本，一九七五年。

7 王琦注《李太白全集》中冊，卷一五，第七三〇頁，北京：中華書局點校本，一九七七年。

8 見王琦注《李太白全集》中冊，卷一五，第七三二頁，北京：中華書局點校本，一九七七年。安旗主編《李白全集編年箋注》第三冊，第一三六一頁，北京：中華書局，二〇一五年。

氏後人的待遇，時過境遷，似乎越來越和緩，不過史臣最後的定性評價似仍然是負面的。唯〈宗氏墓誌銘〉銘文中有「惟彼松柏，後凋雪霜」，與李白詩中「松柏含榮滋」云云，似乎形成了語義的互文，可以互相發揮。

五、宗氏及其丈夫李偡

〈墓誌銘〉關於宗氏夫人寫道：「夫人年十五出適皇族主爵郎中李氏。天父位瑤光之近，丈夫姿玉潤之高。良人傾好於衿鞶，嬌女尚詠於紈素。盈滿之戒，顛覆何依？中心吊傷，變深為谷；比目離折，哀同逝川。焚玉方識於堅貞，茹荼以忘其生死。家亡依所親世祀，服李氏之喪無替，可謂潔白守其志哉。躬撫姊之二孤女，人莫知其外甥，可謂慈仁重於義矣。三從靡託，而六行塞充，洎彤管所紀，未有若斯之高行者也。春秋五十，開元廿七年七月廿六日，暴疾終於宣平里。以八月六日葬於京東南之原。」宣平里是長安外郭城坊里，在宮城和皇城東南，東市的正南第二坊。長安城有「東貴西富」的說法，宣平里雖在外郭城之東，還不屬最高級的高貴社區，應該是擴展後的高貴社區。[9]

以卒年開元廿七年（七三九），壽數五十逆推，宗氏的生年是則天天授元年（六九〇），她十五歲嫁給李僙，同時撫養了其姊的兩個孤女，她的墓誌也是由其外甥王嚴書寫，據此推測，其姊或嫁給了王氏。但其夫李僙究竟何許人也？根據墓誌銘提及開元二十七年其夫職銜為主爵郎中、彭州刺史。查嚴耕望《唐僕尚丞郎表》、[10] 郁賢皓《唐刺史考全編》，[11] 惜均未查及此人。

按史籍中提及壽王李瑁有子廣陽郡王，名字也叫李僙，是由韋氏所生。壽王始娶楊玉環，後另娶韋氏，生有五個兒子、兩個女兒，其中三人封王，分別是德陽郡王李僾、濟陽郡王李伓、廣陽郡王李僙。安史之亂爆發後，唐玄宗奔蜀，李瑁與之同行，韋妃亦應同行。唐代宗大曆十年（七七五）正月十二，李瑁溘然長眠，享年五十六歲。[12] 根據這些材料，宗氏的丈夫當不是此廣陽郡王李僙。而是另外一位同

9 余思彥〈唐長安城高官住宅分布變遷之初步研究〉，引自道客巴巴網站，網址http://www.doc88.com/p-9012649493628.html。
10 嚴耕望《唐僕尚丞郎表》，北京：中華書局，一九八六年。
11 郁賢皓《唐刺史考全編》，合肥：安徽大學出版社，二〇〇〇年。
12 《舊唐書》卷一〇七〈玄宗諸子傳〉。《新唐書》卷九五〈十一宗諸子傳〉。

姓名者，此李偡也是一位與皇族有關係者。因為〈宗氏墓誌銘〉明確寫道：「出適皇族主爵郎中李氏。天父位瑤光之近，丈夫姿玉潤之高。」唯目前尚不能將此與存世材料直接對接。本墓誌銘的出現，也可以補嚴耕望《唐僕尚丞郎表》、郁賢皓《唐刺史考全編》等的缺漏。

六、文獻中的李白妻宗氏

魏顥〈李翰林集序〉：

白始娶於許，生一女，一男曰明月奴，女既嫁而卒。又合於劉，劉訣。次合於魯一婦人，生子曰頗黎。終娶於宋。[13]

魏顥這篇序文，鉤章棘句，奪誤頗多，期期不易讀懂。不過，這不屬本題所論。但其中的「宋」為「宗」字之誤，前人早已指出。王琦注曰：「是其終娶者乃宗楚客之家也。而此云宋，蓋是宗字之訛耳。」[14] 又根據李白〈竄夜郎留別宗十六璟〉一詩中的敘述曰：「舊注以太白娶許相國師女，謂詩題別宗十六為誤。今按詩中『斬鼇翼蝸皇』、『三入鳳凰池』，是言相武后，又是入相三次者。而園師為高宗相，又只入相一次，與此不合，此正是宗楚客耳，安得謂贈別其後人為誤哉？白凡四娶，皆相門女，見魏顥《白集序》中。舊注失考，往往如是。」[15]王注已為學術界公認，成為定論。

李白「終娶於宗」與本墓誌銘中的宗氏夫人有些關係：

> 夫人即令君之第二女。則天大聖天后之離孫也。……家亡依所親世祀，服李氏之喪無替，可謂潔白守其志哉。躬撫姊之二孤女，人莫知其外甥，可謂慈仁重於義矣。三從靡詑，而六行塞充，洎彤管所紀，未有若斯之高行者也。春秋五十，開元廿七年七月廿六日，暴疾終於宣平里。

既然李偡妻宗氏是宗楚客的次女，那麼長女應該是嫁給了王某。為宗氏墓誌書丹的「外甥王嚴」，與墓誌中提及的「姊之二孤女」，當均為宗楚客長女所生，一男為外甥，兩女為外甥女。又據前列宗氏簡表知，李白妻宗氏為宗楚客孫女，那麼應

13 王琦注《李太白全集》下冊，卷三一〈附錄〉，第一四五一頁，北京：中華書局點校本，一九七七年。
14 王琦注《李太白全集》下冊，卷三一，第一四五一頁，北京：中華書局點校本，一九七七年。
15 王琦注《李太白全集》中冊，卷一五，第七三〇頁，北京：中華書局點校本，一九七七年。

該是李僎妻宗氏的侄女，其弟宗璟是侄子，李白應該是她的侄女婿。為墓誌書丹的王嚴、「姊之二孤女」，與李白妻宗氏、宗璟是姑表關係。

就李白個人的作品而言，李白的贈妻（贈內）詩有幾十首，王琦注本絕大部分編入第二十五卷「閨情」類，涉及寫給宗氏夫人的詩也有若干首。例如〈秋浦寄內〉、〈自代內贈〉、〈秋浦感主人歸燕寄內〉、〈在尋陽非所寄內〉、〈南流夜郎寄內〉、〈送內尋廬山女道士李騰空二首〉等詩，閱讀這些詩，能感受到李白對妻子溫存深情的一面。

安旗先生據李白〈題嵩山逸人元丹丘山居并序〉詩中的「拙妻好乘鸞，嬌女愛飛鶴」句，考訂李白婚於宗氏當在天寶九載（七五〇），時年李白五十歲。[16] 李白寫給宗氏的作品，是他贈給所有婚戀女性中數量最多的，僅天寶十四載就有〈秋浦寄內〉、〈自代內贈〉、〈秋浦感主人歸燕寄內〉等三首。[17]

其中〈自代內贈〉一首，既表達了對妻子的思念，又對宗氏波瀾起伏的家史流露出同情：

寶刀裁流水，無有斷絕時。妾意逐君行，纏綿亦如之。別來門前草，秋巷春轉碧。掃盡更還生，萋萋滿行跡。鳴鳳始相得，雄驚雌各飛。遊雲落何山，一往不見歸。估客發大樓，知君在秋浦。梁苑空錦衾，陽臺夢行雨。妾家三作相，失勢去西秦。猶有舊歌管，淒清聞四鄰。曲度入紫雲，啼無眼中人。妾似井底桃，開花向誰笑。君如天上月，不肯一回照。窺鏡不自識，別多憔悴深。安得秦吉了，為人道寸心。

瞿、朱本注「妾家三作相」一句謂：「《舊唐書》卷九二〈宗楚客傳〉，一為夏官侍郎同平章事，再為兵部尚書同平章事，其云三作相，蓋並中書令計之。」[18]

又，〈竄夜郎於烏江留別宗十六璟〉：

君家全盛日，台鼎何陸離。斬鼇翼媧皇，煉石補天維。一迴日月顧，三入鳳凰池。失勢青門傍，種瓜復幾時。猶會眾賓客，三千光路歧。皇恩雪憤懣，松柏含榮滋。我非東牀人，令姊忝齊眉。浪跡未出世，空名動京師。適遭雲羅解，翻謫夜郎悲。拙妻莫邪劍，及此二龍隨。慚君湍波苦，千里遠從之。白帝曉猿斷，黃牛過客遲。遙瞻明月峽，西去益相思。

16 安旗主編《李白全集編年箋注》第二冊，第八九二—八九五頁，北京：中華書局，二〇一五年。
17 安旗主編《李白全集編年箋注》第三冊，第一一九三—一一九六頁，北京：中華書局，二〇一五年。
18 瞿蛻園、朱金城校注《李白集校注》第四冊，第一四九二頁，上海：上海古籍出版社，一九八〇年。

鳳凰池本指中書省，本篇中的「三入鳳凰池」，與前引〈自代內贈〉中的「妾家三作相」意同，都是一種誇耀式的寫法。

如以李白婚於宗氏為天寶九載（七五〇），其卒年為廣德元年（七六三），那麼宗氏與李白共同生活十四年之久，陪伴李白度過終老。李白寄贈妻子宗氏的作品也可以細分為三個階段：一是安史之亂前，漫遊宣州時期。二是永王李璘事件前後。三是遇赦歸廬山後。[19] 學界對李白作品中涉及女性的作品、婚戀的作品包括與宗氏的作品，討論已不少，[20] 故本文從略。僅就〈送內尋廬山女道士李騰空二首〉與本文論旨相關處做點補充，原詩如下：

> 君尋騰空子，應到碧山家。水舂雲母碓，風掃石楠花。若戀幽居好，相邀弄紫霞。
>
> 多君相門女，學道愛神仙。素手掬青靄，羅衣曳紫煙。一往屏風疊，乘鸞著玉鞭。

安旗先生繫此詩於上元二年（七六一），時年李白六十一歲。[21] 王琦於題下注曰：「《方輿勝覽》：延真觀，在南康軍城北四十里，舊名昭德。唐女真李騰空所居。騰空，宰相李林甫之女。《廬山志》：蔡尋真，侍郎蔡某女也。李騰空，宰相李林甫女也。幼並超異，生富貴而不染，遂爲女冠，同入廬山。蔡居屏風疊之南，李居屏風疊之北，學三洞法，以丹藥、符籙救人疾苦。至三元八節，會於詠真洞，以相師講。貞元中，九江守許渾以狀聞，昭德皇后賜以金帛、土田。已而蛻去，門人收簪簡瘞之。鄉俗歲時祭祀不絕。昭德崩，許渾入朝，因乞賜觀額，以昭追奉，詔以詠真洞尋真觀，騰空所居，爲昭德觀。」[22]

又，元代趙道一編修《歷世真仙體道通鑑後集》卷五：「蔡尋真，侍郎蔡某之女也。李騰空，宰相李林甫之女也。二人少有異越，生長富貴無嗜好。每欲出家學

19 伍寶娟〈論李白贈內詩中的妻子形象〉，《綿陽師範學院學報》二〇一六年第三五卷第七期。

20 涉及李白家室包括宗氏婚姻的文章不少，較重要的成果如郭沫若《李白與杜甫》（北京：人民文學出版社，一九七二年出版）專門設「李白的家室索隱」一節，討論到與宗氏的婚姻。（日）筧久美子〈李白結婚考〉，收入《中國李白研究（一九九〇年集・下）》，南京：江蘇古籍出版社，一九九一年。筧久美子〈「贈給妻子的詩」與「愛憐妻子的詩」：試論李白和杜甫詩中的妻子形象〉，收入《中國李白研究（一九九一年集）》，蘇州：江蘇古籍出版社，一九九三年。閻琦〈關於李白的戶籍、婚姻及科舉的餘論〉，收入《中國李白研究（一九九二—一九九三年集）》，合肥：安徽文藝出版社，一九九四年。周勛初《詩仙李白之謎》（臺北：臺灣商務印書館，一九九六年）第三章〈婚姻悲劇：李白兩次就婚相府所鑄成的家庭悲劇〉，也有專門研究。

21 安旗主編《李白全集編年箋注》第三冊，第一五二二頁，北京：中華書局，二〇一五年。

22 王琦注《李太白全集》中冊，卷二五，第一一九〇—一一九一頁，北京：中華書局點校本，一九七七年。按王注引《方輿勝覽》卷十七，引《廬山志》，又見《江西通志》卷一〇五。

道，父母不能奪其志。唐德宗貞元中，相友入廬山。」[23]瞿、朱注已經指出王琦注及此條謂蔡、李貞元中入廬山之誤，應該理解為貞元中許渾方將蔡、李隱廬山事上聞，非是時蔡、李方入廬山也。[24]

唐代女子學道盛興，貴族女性尤其好道，李白開元十八年第一次入長安，即居於終南山玉真公主道觀，而天寶中又與隱於廬山的李騰空等過往甚多，且推薦同樣好道的宗氏夫人赴廬山尋李騰空修習。

值得注意的是，李騰空是宰相女，宗氏是宰相孫女，蔡尋真是侍郎蔡某女，開元中的玉真公主李持盈是唐睿宗的女兒，唐玄宗的同母妹，可見這是開元天寶時期一個以女性為主的權貴道教信仰俱樂部。李白顯然是這個圈子中人，不僅在時間上參加很久，而且在空間上穿行於南北。宗楚客與李林甫都是政治上的負面人物，政見也未必相同，但他們的女兒及孫女，因為共同信仰的緣故，卻聚集在一塊。唯不知是因為李白將她們聚到一個群內，還是李騰空等學道者給李白與宗氏牽了紅絲線？〈宗氏墓誌銘〉既沒有提及宗楚客的道教信仰，也沒有提及李偡妻宗氏夫人學道。故李白妻宗氏的好道究竟是受時代風氣濡染，還是因省悟家族災難而皈依，抑或夫妻志趣相投，夫唱婦隨？待考。

又，關於本墓誌的作者趙岊，墓誌銘上署名為「京兆府萬年尉趙岊」。檢《全唐文》卷三九八，有作者亦名趙岊，小傳謂：「岊，開元時擢書判拔萃科。」《全唐文》存〈對鄉貢進士判〉和〈對邑酒不供判〉兩文。本墓誌銘的出現，不僅為趙岊的作品增添新篇章，也可以為補《全唐文》者增一新材料。

二〇二〇年三月十九日
於居安路西北大學寓所，抗疫期間草稿

23 張繼禹主編《中華道藏》第四七冊，第六五三頁，北京：華夏出版社，二〇〇四年點校本。
24 瞿蛻園、朱金城校注《李白集校注》第四冊，第一四九五頁，上海：上海古籍出版社，一九八〇年。

新發現唐代刻石名家邵建和墓誌整理研究

陝西榆林榆陽區古代碑刻藝術博物館收藏了一方唐代刻石名家邵建和的墓誌，誌文標題為〈大唐故中書省鐫□□題玉簡都勾當刻玉冊官游擊將軍右威衛左郎將上柱國高平郡邵府君墓誌銘并序〉（以下簡稱「〈邵建和墓誌銘〉」），據原石測知，墓誌長四十五點五釐米，寬四十五點五釐米。該誌不僅對邵建和的家世及經歷有較詳細的記述，而且還提及唐代石刻刻工藝術家群體。

經過歷代學者的黽勉勞作，特別是二十世紀以來，天不吝寶，地曝遺珍，大批的文物文獻絡繹出土，前哲與時賢不懈努力，金石學之中刻石刻工研究也有了長足的進步，取得了許多標誌性成果。[1] 但是，由於新文獻和文物的限制，有許多細節

1 專門研究古代石刻刻工的成果如，曾毅公輯《石刻考工錄》，北京：書目文獻出版社，一九八七年；程章燦《石刻刻工研究》，上海：上海古籍出版社，二〇〇八年。此外還有陳尚君《貞石詮唐》，上海：復旦大學出版社，二〇一六年；胡可先《出土文獻與唐代詩學研究》，北京：中華書局，二〇一二年；胡可先《考古發現與唐代文學研

還不清楚，也還有不少碎片無法連成線條，[2] 所以邵建和墓誌銘的被發現，不僅對研究誌主，同時對深化唐代石刻藝術史的研究，都有重要的意義，故筆者不揣淺陋，率先將墓誌公之於同好，錄文整理，並做一些粗淺的說明。

一、墓誌銘的錄文

大唐故中書省鐫（字官）題玉簡都勾當刻玉冊官游擊將軍右威」衛左郎將上柱國高平郡邵府君墓誌銘并序」

究》，杭州：浙江大學出版社，二〇一四年。辛德勇《中國印刷史研究》，北京：生活・讀書・新知三聯書店，二〇一六年等。程章燦的著作是這一領域的專門成果，采銅於山，補虖訂正，縱橫拓展，頗多心得。

2 比如百度百科提供的有關邵建和的資訊僅有如下內容：
邵建和並其弟邵建初曾鐫名碑書家聖帖——柳公權〈玄祕塔碑〉。
本名：邵建和。所處時代：唐。出生時間：不詳。去世時間：不詳。
[唐]碑刻名手。生卒不詳。一九八六年，在陝西西安城牆東南角，出土一塊唐代著名書法家柳公權（七七八至八六五）楷書〈大唐迴元觀鐘樓銘并序〉碑，長一百二十四點五釐米、寬六百釐米，七百六十四字。文由唐銀青光祿大夫、尚書左僕射令狐楚撰寫，名金石家邵建和刊刻。

〈邵建和墓誌銘〉拓片

鄉貢進士王南薰述」

翰林待詔朝議郎守率更寺丞上柱國董景仁書」

府君諱建和，周尚父奭之雲孫，秦丞相平之遠裔。洎脈分派別，今」為醴泉縣人。曾祖光，祖其，考俊。《易》曰：積善之家，必有餘慶。愛而不」見，賁于丘園。錫類府君，載光累葉。幼章令譽，夙蘊端良。□（求？）敏之」思且閑，謹願之風彌厚。藝高出眾，生貴遇時。當」敬、文之際，郊天祀地，旌善紀功。今少師河東柳公公權，偉夫」朝廷重德，文翰高名，凡景鍾之銘，豐碑之烈，至於緇黃追述，中外」奏記，但樹金石者，悉俾刊刻，無處無之。由是聲價彌高，勞績兼著」矣。自唐來則有朱靜藏、史華、徐思忠、衛靈鶴、鄭振、陳英、常」无怨、楊暄等，皆異代同妙也。大和五年，始授京兆寶安府果毅，累」轉至右威衛左郎將，以階官齊，是有朱紱銀印之盛。性惟寬恕，骨」肉間孤孀不少，莫不分俸撫字。每患不均，仁人之心，有如此者。妻」韓氏夫人齊眉同德，生三子宗簡、宗立、宗厚等，一女歸王氏。婚嫁」方畢，祿壽巢（冀）遙。奈何景命不融，冥數誰追？噫！大中十二年五月十」九日遘疾終於金城里私第，春秋六十三。妻孥號慟，遠近傷之。親」弟建初，能嗣其業，不殞其名。希恭友以同歡，痛手足之俱折。式遵」先遠，克叶稱家。即以明年四月廿八日，祔於長安縣承平鄉楊劉」村，禮也。建初伯仲以鄙薄有舊，託志元兄之事，將慰比母之情。言」發涕零，詎爽其請？銘曰：」邵郎邵郎，朱紱銀章。昭宣簡冊，發揮侯王。子弟無恙，閭里有光。其」名雖著，其壽靡長。長安縣，承平鄉，前阿房，後未央。祔先代，臨高崑（岡）。」□白日，扃玄堂。陰風慘慘，寒柏蒼蒼。金雞玉犬已鳴吠，萬古千秋」徒悲傷。

二、墓誌所述邵建和的家族及世系

關於墓誌題目，原誌石有一處漫漶不清，據任江〈略論唐宋玉冊官制度——以碑誌資料為中心〉一文的考證，中晚唐中書省有「鐫字官」，[3] 故補缺漏處為「字官」兩字，則完整的題目當為〈大唐故中書省鐫（字官）題玉簡都勾當刻玉冊官游擊將軍右威衛左郎將上柱國高平郡邵府君墓誌銘并序〉。又據程章燦、任江等的研究

3 任江〈略論唐宋玉冊官制度——以碑誌資料為中心〉，《四川文物》二〇〇七年第六期，第四七頁。

知，刊刻碑石的官署有將作監和中書省玉冊官的區別，[4] 邵建和應屬中書省玉冊官所轄，但墓誌銘中對他的題署稱謂是較詳細複雜的。

關於邵建和的生卒年，墓誌記錄邵建和於「大中十二年五月十九日遘疾終於金城里私第，春秋六十三」，「以明年四月廿八日，祔於長安縣承平鄉楊劉村，禮也」。據此知，邵建和卒於大中十二年（八五八）五月十九日，第二年（大中十三年，八五九）四月廿八日祔於祖塋，享年六十三。據此逆推，依歷史人物年壽計算的慣例，建和應生於貞元十二年（七九六）。

墓誌還清楚地記錄了誌主的卒地和葬地：「遘疾終於金城里私第」，「祔於長安縣承平鄉楊劉村……長安縣，承平鄉，前阿房，後未央。祔先代，臨高崑（岡）」。金城里即唐代長安外郭城坊里金城坊，《唐兩京城坊考》卷四：「次南金城坊。本漢博望苑之地，初移郡，百姓分地版築，土中見金聚，欲取便沒。隋文帝曰：此朕金城之兆，因以金城為坊名。隨有釋梵、法眾二寺，大業七年廢。」[5]《大唐新語》：「貞觀中，金城坊有人家為胡所劫，司法參軍伊尹請追禁西市胡，俄果獲賊，蓋金城近於西市也。」[6] 坊址在今西安城西玉祥門外桃園東路、西儀一坊至延光里、新民西巷之間。[7] 葬地承平鄉是唐京兆長安縣屬鄉，位於唐長安城西開遠門外龍首鄉之南，即今西安西郊阿房村向東一帶，此鄉與毗鄰的龍首鄉曾先後出土過三十多方唐代墓誌。[8] 又，據唐長安地圖及實地勘踏知，卒地與葬地距離很近。

墓誌追述邵建和世系：「府君諱建和，周尚父奭之雲孫，秦丞相平之遠裔。洎脈分派別，今為醴泉縣人。曾祖光，祖其，考俊。」《元和姓纂》卷九：「邵：邵公奭，周同姓，受封於燕，傳國四十餘代。其支庶為卿士，邵穆公、武公、邵廖、邵昭公，並其後也。秦有邵不疑。【汝南】漢汝南太守邵安。唐都官郎中邵昇，自安陽徙汝南；弟炅，考功員外。【安陽】狀云稱信臣之後。青州刺史邵休，其先避事，加邑為邵氏。晉邵奇，壽春太守；五代孫知新，唐刑部郎中。又殿中御史邵瓊之，相州安陽人，生摯、說。摯，監察御史，生中和。說，吏部侍郎，生渾、滄。」[9]

---

4 程章燦〈唐代刻石官署及所轄刻工考〉，載於《石刻刻工研究》，第七二—八八頁，上海：上海古籍出版社，二〇〇八年。任江〈略論唐宋玉冊官制度——以碑誌資料為中心〉，《四川文物》二〇〇七年第六期，第四六頁。

5 徐松撰，李健超增訂《增訂唐兩京城坊考》，第二二四頁，西安：三秦出版社，二〇〇六年。

6 劉肅撰，許德楠、李鼎霞點校《大唐新語》卷九「從善」條，第一三八頁，北京：中華書局，一九八四年。

7 張永祿主編《唐代長安詞典》，第一五三頁「金城坊」條，西安：陝西人民出版社，二〇一一年。

8 張永祿主編《唐代長安詞典》，第一二頁「龍首原」條，西安：陝西人民出版社，二〇一一年。

9 林寶撰，岑仲勉校記，郁賢皓等整理《元和姓纂（附四校記）》第二冊，第一三〇五頁，北京：中華書局，一九九四年。

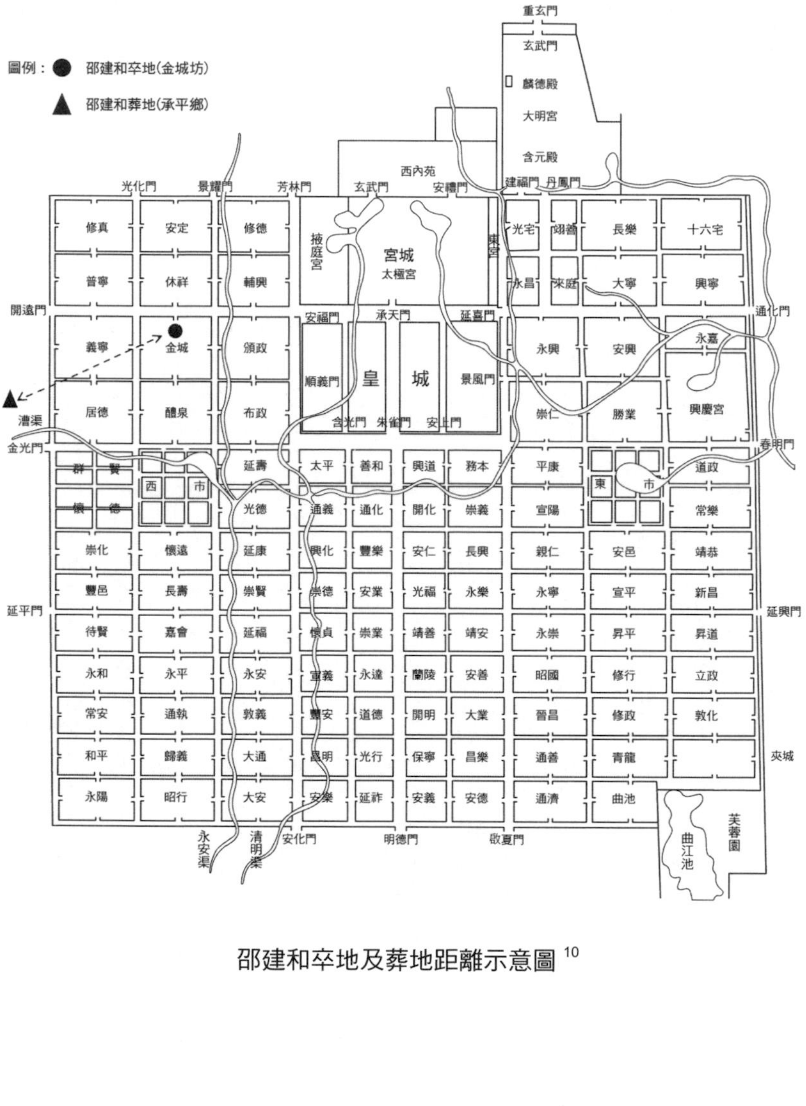

邵建和卒地及葬地距離示意圖[10]

邵、召本同源，故召公奭又稱邵公奭。唯墓誌提及的醴泉邵氏這一房支，姓氏書上均不載，可見這一支早已汨沒衰微。

墓誌還提及邵建和兄弟的資訊：「親弟建初，能嗣其業，不殞其名。希恭友以同歡，痛手足之俱折。式遵先遠，克叶稱家。即以明年四月廿八日，祔於長安縣承平鄉楊劉村，禮也。建初伯仲以鄙薄有舊，託志元兄之事，將慰比母之情。言發涕零，詎爽其請？」

通過程章燦《石刻刻工研究》等知，邵建初也曾任中書省鐫玉冊官、宣節校尉前鄜州五交州折衝上騎都尉，參與了《般若波羅蜜多心經》、〈慶王李沂墓誌〉、〈劉遵禮墓誌〉、〈劉中禮墓誌〉、〈德妃王氏墓誌〉、〈馬公度妻王氏墓誌〉等的鐫刻，[11]可見誌文中所謂「能嗣其業，不殞其名……式遵先遠，克叶稱家」云云，確實可以落實。

墓誌還提及邵建和與妻韓氏「生三子宗簡、宗立、宗厚等，一女歸王氏。婚嫁方畢，祿壽冀遙」，據此知，邵建和與韓氏育有三子一女。唐代石刻刻工資料中還

10 本書使用之唐代長安城地圖，均據李健超《增訂唐兩京城坊考（修訂版）》第三十頁之〈唐西京長安城圖〉改繪，西安：三秦出版社，二〇〇六年。

11 見程章燦《石刻刻工研究》，第八一—八二頁，上海：上海古籍出版社，二〇〇八年。

出現邵宗異、邵宗兩個名字，其中邵宗異當為建和的子侄輩，筆者懷疑就是邵建初的子嗣，而邵宗的名字，疑有漏缺，按照命名的原則，當即建和、建初兄弟的下一輩，其行輩的字為「宗」，下一字因磨損漫漶，無法辨認，也有學者認為邵宗就是邵宗異，因為唐代刻工名字書寫中經常有類似現象：「刻工署名向來有將雙名省略一字的習慣」。[12] 根據以上文獻，可以將醴泉邵氏這一房支的家族關係簡單羅列：

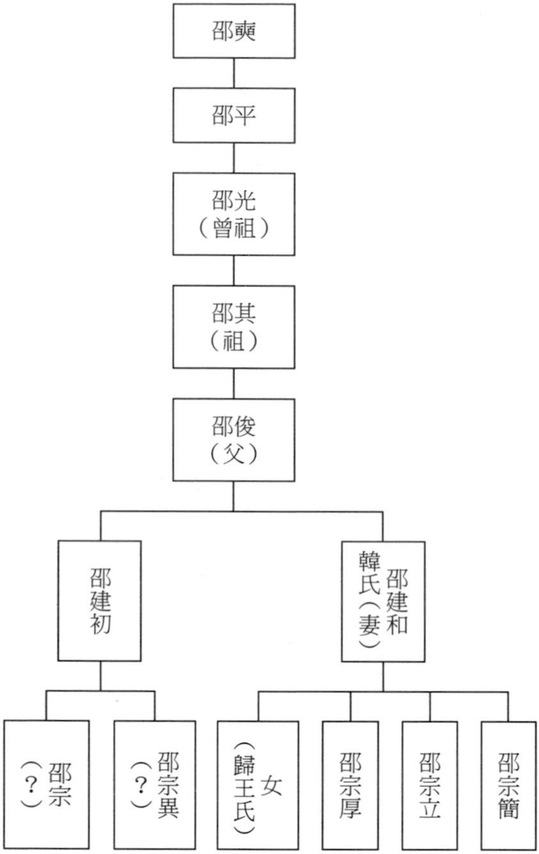

研究唐代石刻刻工者多已注意到唐代石刻刻工的家族化集團化現象：「附在銘刻上的工人名字，則由個體而擴大為一家一族，由一家一族而擴大為一個集體。如祖孫、父子、叔侄、翁婿、師徒、兄弟等等，同時工作的，已指不勝屈。」[13]自唐代開始，刻工的社會地位也不少得到了提升，故民間刻工對刻石技藝往往以家族傳承較為多見，如萬鈞、萬文韶、萬寶哲、萬三奴、萬元抗。程章燦等的研究還提及天水強氏家族。[14]

除天水強氏外，主要就是醴泉邵氏家族，會昌元年（八四一）十二月二十八日建和、建初兩兄弟還曾合作鐫刻過〈玄祕塔碑〉，[15]子侄輩又有人繼承事業，據本文所引墓誌和其他資料知，著名書法家柳公權所書的碑銘多由邵氏家族中的刻工鐫刻。有意思的是，邵建和墓誌銘中提及唐代不同時期的刻工多人，幾可構成一部唐

12 見程章燦《石刻刻工研究》，第八四頁，上海：上海古籍出版社，二〇〇八年。惟建和、建初兄弟的子侄不少，「邵宗」究竟是「邵宗異」名字的省略，還是「宗」字輩子侄別的人名字的省略，抑或是別的名字的缺漏，似可進一步討論。

13 曾毅公輯《石刻考工錄·自序》，第四頁，北京：書目文獻出版社，一九八七年。

14 程章燦《石刻刻工研究》，第八一、八四頁。

15 曾毅公輯《石刻考工錄》，第二〇頁。

代石刻工簡史綱要，唯對同時的天水強氏家族的刻工不著一字。兩個家族成員還互相合作鐫刻過不少石刻，應該是互相瞭解互相往來的，但為什麼不提及？這究竟是因技藝行業「賣白麵的見不得賣石灰的」，「同行即冤家」的陋習，還是別有原因？此處僅提出問題，供方家深入討論。

三、墓誌所記唐代刻石藝術家的資料

墓誌首先記述了邵建和的刻石成就：「藝高出眾，生貴遇時。當敬、文之際，郊天祀地，旌善紀功，今少師河東柳公公權，偉夫朝廷重德，文翰高名，凡景鍾之銘，豐碑之烈，至於緇黃追述，中外奏記，但樹金石者，悉俾刊刻，無處無之。由是聲價彌高，勞績兼著矣。」

流傳至今的邵建和參與刻石的作品有：

〈大唐迴元觀鐘樓銘并序〉碑，令狐楚撰文，柳公權書，邵建和刊刻，開成元年（八三六）；

〈苻璘碑〉，李宗閔撰文，柳公權書並篆額，邵建和鐫字，開成三年（八三八）；

〈玄祕塔碑〉，柳公權書，邵建和并其弟邵建初刻，會昌元年（八四一）；

〈唐故禪大德演公塔銘〉，裴休撰文，柳公權書，邵建和鐫字，會昌四年（八四四）；

另有〈九疑山賦〉拓本，一說是唐文宗太和二年（八二八）李郃撰文，唐憲宗元和三年（八〇八）柳公權書寫，邵建和鐫刻，被稱為歌頌九疑山舜帝陵的「三絕」。[16]

以上作品都由柳公權書寫，這與墓誌的記錄相符：「今少師河東柳公公權，偉夫朝廷重德，文翰高名，凡景鍾之銘，豐碑之烈，至於緇黃追述，中外奏記，但樹金石者，悉俾刊刻，無處無之。」應該說，出土文獻的紀錄與傳世文獻是可以互相印證的。

16 一說此篇為偽作，討論見孫吉升〈小楷〈九疑山賦〉是柳公權真跡〉，《湖南科技學院學報》二〇一四年第七期，第二一一—二一三頁。

邵建和的弟弟邵建初也是中書省玉冊官，據曾毅公、程章燦等的統計，有記錄的邵建初刻石作品有九件，加上他們兄弟合刻的〈玄祕塔碑〉，數量也是相當可觀的。只不過現存作品似乎可以看出，邵建和主要與柳公權合作，目前提及的他的主要刻石作品都是柳公權所書。而邵建初的作品則無此限制，各種身分的人所託，各類內容的都有。

除了對邵建和兄弟在刻石藝術史上的成就進行評價外，墓誌銘還提及：「自唐來則有朱靜藏、史華、徐思忠、衛靈鶴、鄭振、陳英、常无怨、楊暄等，皆異代同妙也。」這實際是一個簡略的從初唐到邵建和時代石刻名家排行譜，現依照誌中所列的順序簡單注釋，對前人研究中已經提及的，也略做說明。其中曾毅公《石刻考工錄》所錄用＊號標注，程章燦《石刻刻工研究》所錄用◎號標注。

1. 朱靜藏

咸亨三年（六七二）刻懷仁集王羲之書〈三藏聖教序〉。此碑為弘福寺沙門懷仁集晉右將軍王羲之書，咸亨三年（六七二）十二月八日京城法侶建立，文林郎諸葛神力勒石，武騎尉朱靜藏鐫字。行書，三十行，行八十五、八十六字不等。額刻七佛像。碑原在陝西西安弘福寺，後移西安碑林。今藏陝西歷史博物館。[17]

2. 史華＊

天寶十一載（七五二）刻〈多寶塔感應碑〉，此碑全稱〈大唐西京千福寺多寶佛塔感應碑〉。唐岑勛撰文，顏真卿楷書，徐浩隸書題額，史華鐫刻。唐天寶十一載（七五二）四月立。碑高七尺九寸，寬四尺二寸。三十四行，行六十六字。原在唐長安安定坊千福寺，宋代移西安碑林，現藏於西安碑林博物館，為國寶級文物。曾毅公《石刻考工錄．自序》認為「史華就是顏的侍從之一」，[18] 不知所據何出？按，黃錫蕃《刻碑姓名錄》卷一有史華（第四七〇頁），又有史子華（第四六九頁）。史子華開元二十三年四月二十三日刻鄭虔〈華嶽題名〉，開元二十四年九月十八日，刻〈大智禪師碑〉。不知兩者是否為一人。

3. 徐思忠＊◎

開元九年（七二一）刻〈興福寺半截碑〉，唐代僧大雅等集晉王羲之行書所成，

17 黃錫蕃《刻碑姓名錄》卷一，《石刻史料新編》第三輯第三五冊，第四六八頁，臺北：新文豐出版公司，一九八二年影印版。

18 曾毅公《石刻考工錄．自序》，第三頁。

立於長安。此碑又名〈興福寺殘碑〉、〈吳文碑〉，因碑僅存下半截，故又名〈興福寺半截碑〉，「□林郎直將作監徐思忠等刻字」。計三十五行，每行二十三、四、五字不等，中空三行，原碑現藏西安碑林博物館。

清代楊賓謂唐代集王書者有十八家，推〈聖教〉為第一，〈興福寺〉僅次於〈聖教〉。字行流暢，摹刻精良，是研究王羲之書法的重要原碑刻。此碑明萬曆年間出土於陝西西安，《墨林快事》謂：「集人大雅乃興福寺僧，故世謂之〈興福帖〉，其集王字顧獨得精神筋力，是以書家重之。」舊拓本第二十行「四序」之「四」字完好，八行「斷裁」之「斷」字「斤」部未損，民國時期的文明書局、日本博文堂、藝苑真堂社、二玄社及日本《書苑》均曾影印出版。

4. 衛靈鶴＊◎

開元二十年（七三二）刻〈唐故尚書左丞相燕國公贈太師張公墓誌銘并序〉，此誌由張九齡撰文，梁升卿書寫，衛靈鶴鐫刻。

盛唐名臣張說去世之後，由唐玄宗為其撰碑文，書法家梁升卿為其書寫，著名刻工衛靈鶴為其刻石。衛靈鶴時任鄜州三川縣丞，三川縣在今陝西富縣，而張說墓在東都洛陽附近，由此可見，衛靈鶴是被遠聘去給張說墓刻碑誌的。

唐玄宗開元二十四年（七三六）刻〈金仙長公主誌石銘〉。此碑誌蓋齊全，徐嶠奉敕撰，玉真公主書，衛靈鶴檢校鐫勒並篆額，誌文楷書，三十三行，行三十二字，誌蓋篆書「大唐古（故）金仙長公主誌石之銘」十二字，四行，行三字。周邊刻四神像及蔓草花紋。原石現藏於陝西省蒲城縣博物館。

又，開元十三年（七二五）刻工衛鶴等刻〈伯夷叔齊碑〉，署名原作「衛鶴」，一般認為當為「衛靈鶴」之省稱。[19]

5. 鄭振

筆者目力所見的研究尚未提及鄭振的石刻作品。

6. 陳英◎

開元十五年（七二七），陸尚賓隸書〈楊孝恭碑〉，由朱曜乘、陳英等刻石。

7. 常无怨

筆者目力所見的研究尚未提及常无怨的石刻作品。

19 曾毅公《石刻刻工錄》，第九頁。

8. 楊暄

筆者目力所見的研究尚未提及楊暄的石刻作品。程章燦據《新中國出土墓誌·陝西卷》錄出刻〈何德墓誌〉的楊萱或為另外一人。[20]

墓誌還提及本墓誌銘的文作者和書法作者：「鄉貢進士王南薰述、翰林待詔朝議郎守率更寺丞上柱國董景仁書」。關於王南薰，已知〈滄州節度使荊公（從皋）墓誌銘并序〉由王南薰述並書兼篆蓋文，強穎刻字。當時王南薰為平涼縣令。[21] 還有新發現的〈羅州玠墓誌〉也署名由鄉貢進士王南薰述並書兼篆蓋。[22] 董景仁在唐宣宗時曾任翰林書待詔，〈唐故慶王墓誌銘并序〉署名「翰林待詔朝議郎守率更寺丞上柱國臣董景仁奉敕書」，[23]《唐華嚴寺杜順和尚行記》也署名「朝議郎試左武衛長史上柱國董景仁書」。[24] 此外，《寶刻叢編》卷八還提及董景仁書有〈唐宣宗女齊國恭懷公主碑〉、〈唐內侍楊公碑〉等。[25]

由上可見，〈邵建和墓誌銘〉敘述了墓主邵建和以及其弟邵建初的刻石技藝及成就，此外還提及從初唐到中唐的八位刻石名家，再加上本誌的撰文作者、書寫者名諱，應該是已出唐代墓誌中保留刻石技藝和石刻名家資訊最集中最豐富的文獻，值得進一步深入研究。

四、結論

新發現的〈邵建和墓誌銘〉對於我們瞭解唐代刻石藝術家邵建和及其家族有重要意義，同時還可以細化並深化對唐代刻工及刻石藝術家群體的瞭解。新出史料與傳世文獻互相印證，可以得出以下幾個初步結論：

首先，墓主邵建和的卒年及年齡有確切的紀錄，可以補史之不足。

其次，對墓主的卒葬地的紀錄清晰準確。

第三，對邵建和家族和醴泉邵氏世系有一個簡明的勾勒。

20 程章燦《石刻刻工研究》，第一九六頁。

21 周紹良、趙超主編《唐代墓誌彙編續集》「咸通」七四條，第一〇九〇頁，上海：上海古籍出版社，二〇〇一年。

22 陝西歷史博物館二〇〇九年新徵集文物，見呼嘯〈新徵集唐〈羅州玠墓誌〉誌主的胡人身分淺析〉，《文物》二〇一〇年第三期，第四六—四九頁。

23 西安碑林博物館二〇〇六年新徵集文物，見趙力光〈西安碑林新入藏墓誌略論〉，《碑林集刊》二〇一〇年第一期，第五一—一二頁。

24 西安碑林博物館二〇〇六年新徵集文物，見趙力光〈西安碑林新入藏墓誌略論〉，《碑林集刊》二〇一〇年第一期，第五一—一二頁。

25 王海賓《唐代翰林書待詔制度綜考》，第七〇—七一頁，吉林大學碩士論文二〇〇八年。

第四，對唐代石刻藝術名家的簡要羅列，給我們提供了一個從初唐到中晚唐石刻刻工的簡單譜系。但有趣的是，對初唐以來的刻石名家多所提及，唯對同時代的天水強氏家族則不著一字。

第五，唐代是中古家族史發展的一個極其重要的階段。世胄閥閱類家族逐漸式微，但寒庶技藝類家族的社會地位有了長足的發展。以石刻刻工行業而言，邵建和墓誌銘述及的邵建和、邵建初兄弟，以及子侄輩的邵宗異等，此外還有天水強氏家族的強瓊、強琮、強演、強審、強穎等，均可以成為支撐此觀點的一個有力證據。

新見唐代吐谷渾公主墓誌的初步整理研究

一、引言

陝西榆林榆陽區古代碑刻藝術博物館藏有一方〈大唐興聖寺尼成月公主氏墓誌〉（以下簡稱「〈成月公主誌〉」），據實物測知，誌蓋呈斗形，底邊七十一釐米，上邊五十四釐米（見圖一）。墓誌長七十一釐米，寬七十一釐米。每行二十四字，共二十四行（見圖二）。此誌在唐代墓誌中算是比較大的，保存得也較完好，拓片字跡基本清晰。筆者感覺到，該誌對深入認識唐與吐谷渾關係、瞭解唐代貴族女性崇佛現象等方面都有重要價值。嚶其鳴矣，求其友聲。筆者有幸先睹，故公之於同好，希望能引起學界的關注和深入研究。

學界一般認為吐谷渾來源於鮮卑民族慕容部落，其先有稱吐谷渾者，後人便以其祖之名為族名。《元和姓纂》卷八「慕容」條云：「高辛少子居東北夷，後徙遼西，號鮮卑，國於昌黎棘城。至涉歸，為鮮卑單于，自云『慕二儀之德，繼三光之容』。或云，以冠步搖，步搖冠音訛，改為慕容氏。」[1]

二十世紀以來，因為弘化公主、慕容明、慕容忠和慕容宣徹等墓誌的陸續出現，引起了學者們對吐谷渾的關注，陳萬里、羅振玉、張維、杜光簡、慕壽祺、夏鼐等先生都有考證和研究，周偉洲先生步武前賢，先後著有《吐谷渾史》、《吐谷渾資料輯錄》（增訂本）等，相關成果後出轉精，將吐谷渾研究推向了一個新時期。

關於吐谷渾慕容氏王室的墓誌，已經出土了一些，濮仲遠〈唐代吐谷渾慕容氏王室墓誌研究述評〉一文[2]將所提及的部分羅列如下：

墓誌名稱	誌主	出土地點	現收藏地	釋錄和影印
大周故西平公主墓誌	弘化公主	甘肅武威	武威文廟	《北京圖書館藏中國歷代石刻拓本彙編》、《唐代墓誌彙編附考》、《隋唐五代墓誌彙編》、《唐代墓誌彙編》、《全唐文補遺》、《全唐文新編》
大周故青海王墓誌銘	慕容忠	甘肅武威	武威文廟	《唐代墓誌彙編附考》、《隋唐五代墓誌彙編》、《全唐文補遺》、《全唐文新編》

大唐金城縣主墓誌銘	金城縣主	甘肅武威	武威文廟	《唐代墓誌彙編附考》、《全唐文補遺》、《全唐文新編》
大唐故政樂王墓誌銘	慕容宣昌（煞鬼）	甘肅武威	武威文廟	《唐代墓誌彙編附考》、《全唐文補遺》、《全唐文新編》
大唐故輔國王墓誌銘	慕容宣徹	甘肅武威	武威文廟	《北京圖書館藏中國歷代石刻拓本彙編》、《唐代墓誌彙編附考》、《隋唐五代墓誌彙編》、《唐代墓誌彙編》、《全唐文補遺》、《全唐文新編》
大唐故代樂王上柱國慕容明墓誌銘	慕容明（坦）	甘肅武威	武威文廟	《北京圖書館藏中國歷代石刻拓本彙編》、《隋唐五代墓誌彙編》、《唐代墓誌彙編》、《全唐文補遺》、《全唐文新編》
大唐慕容府君墓誌銘	慕容曦光（晟）	甘肅武威	武威文廟	《全唐文補遺》、《全唐文新編》
大唐故武氏墓誌之銘	武氏	甘肅武威	武威文廟	《唐代墓誌彙編》、《全唐文補遺》、《全唐文新編》
大唐故夫人李氏墓誌	李深	甘肅武威	武威文廟	《唐代墓誌彙編附考》、《唐代墓誌彙編》、《全唐文補遺》、《全唐文新編》

1 林寶撰、岑仲勉校記《元和姓纂》（附四校記）第二冊，卷八，第一二一四頁，北京：中華書局，一九九四年。

2 濮仲遠〈唐代吐谷渾慕容氏王室墓誌研究述評〉，《青海民族大學學報（社會科學版）》，第三九卷，二〇一三年第三期。

大唐故左領軍衛大將軍慕容神威墓誌	慕容威（慕容神威）	寧夏同心縣	寧夏博物館	《唐代墓誌彙編》、《全唐文補遺》、《全唐文新編》
唐故慕容府君墓誌銘	慕容曦皓	陝西西安	西安市小雁塔文物保管所	《隋唐五代墓誌彙編》、《唐代墓誌彙編》、《全唐文補遺》、《全唐文新編》

以上所列慕容氏王族墓誌共十一方，其中出土於甘肅武威的有九方，出土於寧夏同心的有一方，出土於西安的有一方。據此可以看出吐谷渾慕容氏家族的活動重心。周偉洲《吐谷渾資料輯錄》（增訂本）收入涉及吐谷渾的墓誌總共有十七方，[3]其中涉及唐代共十四方，除濮仲遠文中所提及的外，另有〈交河郡夫人慕容氏墓誌〉、〈張掖郡王慕容府君墓誌銘〉、〈隴西李府君墓誌銘〉三方為新補。

長安作為唐朝政治文化的中心，與吐谷渾勢力的交流往還甚多，並與其榮枯興衰關係至為密切。近年來，在西安周邊陸續出土了不少外族人墓誌，有多方吐谷渾慕容氏家族的墓誌，其中有些已引起學者們的研究討論，[4]還有些因出現較晚，尚未被學界關注，現將本文擬討論的成月公主誌與另外三方西安地區出土的吐谷渾墓誌資訊列出，以便於比較研究：

墓誌名稱	誌主	出土地點	現收藏地	釋錄和影印
唐故慕容府君墓誌銘	慕容曦皓	陝西西安	西安市小雁塔文物保管所	《隋唐五代墓誌彙編》、《唐代墓誌彙編》、《全唐文補遺》、《全唐文新編》
故張掖郡王慕容府君墓誌	慕容瓌	陝西西安	長安博物館	《長安新出墓誌》
吐谷渾暉華公主墓誌	暉華公主庫羅伏和茹茹驃騎大將軍乞伏孝達	陝西西安	陝西省考古研究院	〈吐谷渾暉華公主墓誌與北朝北方民族關係〉[5]
大唐興聖寺尼成月公主氏墓誌	成月公主	陝西西安	陝西榆林榆陽區古代碑刻藝術博物館	本文

綜合濮仲遠、周偉洲兩位所列以及筆者新見，目前已知的唐代吐谷渾慕容氏王

3 周偉洲《吐谷渾資料輯錄》（增訂本），北京：商務印書館，二〇一六年。

4 見陳瑋〈新出唐吐谷渾王族慕容環墓誌研究〉，《中國邊疆史地研究》，二〇一四年第四卷第四期。墓誌見西安市長安博物館編《長安新出墓誌》，北京：文物出版社，二〇一一年。

5 釋文見〈吐谷渾暉華公主墓誌與北朝北方民族關係〉，收入周偉洲《新出土中古有關胡族文物研究》，北京：社會科學文獻出版社，二〇一七年。

族的墓誌共十四方，出土於長安的共四方，其中唐代長安的三方。

本文所擬重點討論的成月公主誌，對我們進一步瞭解吐谷渾慕容氏王族與唐朝政治及長安文化的關係又提供了一個新的視角，相信隨著新史料的不斷公布，學界對相關話題的研究也會不斷深化。

二、墓誌的錄文整理

大唐興聖寺尼成月公主　氏墓誌」

若夫千輪謝色，寂懸解於重昏；百影留龕，沈妙門於積晦。閱定」流而逝彩，遽移鯷壑；撲慧燈而掩照，久閟龍銜。其有獨鑒玄宗，」得髻珠於罔象，窮幽粹理；架心臺於槖籥。仁舟廣汎，其在我法」師乎。成月公主諱　　吐溶（裕）渾可汗海國王慕容鉢第二女也。」介（爾）其濬源驚箭，孕蠙（玭）寶而涵漪；喬邑（屺）披蓮，挺虹珪而積仞。固以」銀黃疊暎（映），駕八虬而齊軫；軒冕交陰，淩三鳳而遐躆（踞）。祖及父並」嫡嫡相承海國王，竝（並）襟情爽秀，風局清敞。望東

圖一　〈成月公主誌〉誌蓋拓片

圖二　〈成月公主誌〉拓片

山而闢府，價蘊」連城；耿南州而飛鋒，光合軫草。法師儀真獨運，乘玄戾（淚）止。珠胎」既剖，即開明月之暉；玉樹初標，遠擢甘泉之秀。在乎髫齓，識昭」空寂，仰化城而警策，絕想鷲臺；去火宅以駢馳，栖神鹿野。自落」髮續服，虔精玄觀，沈研九部，既無懈於晨昏；翹讚千蓮，固忘劬」於涼暑。至若龍宮妙典，貝譚英詞第一，解脫之門不二。難思之」賾，莫不探微揔隩，似萬流之赴金樞；摭實遺賓，若千象之開玉」鏡。故能擯情塵滓，澹想真如。坐燈玉之牀，自標先覺；啓維摩之」室，爰稱獨步。所談唯空慧，不以俗網嬰（纓）懷；所務止玄虛，每用無」為入賞。豈非形存理勝，望寶階而咫尺；神凝道寂，俯金地而鄰」畿者哉。既而水月澄規，未駐驚波之色；空雲卷靄，遽滅從風之」影。以總章元年四月七日卒於興聖寺，春秋廿三。仍以其年十」一月廿二日，葬於明堂縣少陵原。嗚呼泡影，遂誌銘曰：」

玄津產玉，法海韜璣。自開虹照，還吐驪暉。偶質齊光，聯文合絢。」汎華蘭掖，飛芳椒殿。乘真詣理，控解窮幽。曾攀道樹，虛汎仁舟。」香巖委崿，漣河閱水。方去花臺，永遵蒿里。鶴林霜積，魚山梵空。」魂兮莫返，泣盡秋風。」

三、據墓誌看成月公主的身世

〈成月公主誌〉提及的「海國王」，即吐谷渾慕容氏王族的諾曷鉢，又稱慕容鉢、慕容諾曷鉢，他是慕容順的兒子，封燕王。貞觀九年（六三五），唐朝平吐谷渾，慕容順投降。唐太宗遂以慕容順為西平郡王、趉胡呂烏甘豆可汗。國人不附，慕容順竟被部下所殺，諾曷鉢繼位，大臣爭權，國中大亂。十二月，兵部尚書侯君集將兵援救。十年（六三六），太宗以諾曷鉢為河源郡王、烏地也拔勒豆可汗。

乾封元年（六六六），高宗封諾曷鉢為青海郡王，也就是墓誌所謂「海國王」。[6]總章二年（六六九），高宗命令吐谷渾百姓遷居祁連山，多數大臣認為這將使吐谷渾暴露於吐蕃攻擊之下，建議先攻打吐蕃。宰相閻立本反對出兵，當年糧食歉收，無力承擔軍事行動，吐谷渾百姓最終沒有能遷居祁連山。

咸亨元年（六七〇），吐蕃入侵唐朝西域安西四鎮，唐高宗命右威衛大將軍薛仁貴為邏娑道行軍大總管，左衛員外大將軍阿史那道真、右衛將軍郭待封為副，率眾十餘萬以討吐蕃。但是由於薛仁貴和郭待封的分歧，唐軍在大非川之戰中被吐蕃祿東贊的兒子論欽陵擊敗，結束了吐谷渾復國的希望。垂拱四年（六八八），諾曷鉢去世，因諸曷鉢曾任安樂州刺史，故其子慕容忠繼刺史之位。此位又傳四代始被廢除。事蹟主要見新、舊《唐書．吐谷渾傳》（亦可參見本文末附錄）。

由於吐谷渾與唐政權的特殊關係，唐太宗駕崩，「刻石圖諸曷鉢之形，列於昭陵之下」。[7] 因諸曷鉢既是青海王，又是駙馬都尉，故高宗武后駕崩後，在乾陵守陵的石人像中，也有他的像立於陵前。有研究者發現，石刻番臣的銜名上有的有「故」字，有的沒有，據此可以推知，刻石時諸曷鉢當還在世。[8]

〈成月公主誌〉所提供的有關她本人身世的資料並不是特別多，也不是很直接，但是如把出土文獻與傳世史料結合起來看，還是有一些收穫。

〈成月公主誌〉：「以總章元年四月七日卒於興聖寺，春秋廿三。」由總章元年

6 《新唐書》卷二二一〈西域傳上〉內〈吐谷渾傳〉。又《冊府元龜》卷九六四：「乾封元年五月，封河源王慕容諸曷鉢為青海王。」

7 《舊唐書》卷一九八〈西戎傳〉內〈吐谷渾傳〉。

8 宋元祐年間，武功人游師雄將乾陵石像的所有銜名分刻四碑，以圖永存。元人李好文又將當時僅存的三碑中所能看清的文字抄錄於《長安志圖》卷中，共得三十九名。清代葉奕苞《金石錄補》中錄出三十八人，到現在蕃臣像上留有名銜的只有六人。陳國燦在〈唐乾陵石人像及其銜名的研究〉（《文物集刊》一九八〇年第二期）一文中，糾正後世各家銜名記載之錯誤，訂正為三十六人，其中就有吐谷渾青海王駙馬都尉慕容諾曷鉢。

（六六八）向上逆推，則知公主生於貞觀二十年（六四六），得年二十三歲。

〈成月公主誌〉謂公主為「吐（土）溶（裕）渾可汗海國王慕容鉢第二女」，〈弘化公主墓誌〉提及「嗣第五子右鷹揚衛大將軍」，慕容諾曷鉢卒後的繼承者慕容忠也是弘化公主所生，成月與他們是同父兄妹，但成月是否就是弘化公主所生呢？諾曷鉢娶弘化公主一般謂貞觀十四年（六四〇），而〈弘化公主墓誌〉則曰：「貞觀十七年出降於慕容諾賀鉢。」即以最晚的貞觀十七年來說，十八年生長女，十九年生第二女也是正常現象，據此來看，成月當為弘化公主所生。可惜其年不永，世壽二十三歲，不僅比其母享年七十六歲少了許多，而且先於母親去世，良可嘆也。

又，〈弘化公主墓誌〉提及「嗣第五子右鷹揚衛大將軍」，〈成月公主誌〉謂其為慕容鉢（即諾曷鉢）第二女，則諾曷鉢的子嗣至少應有五男二女，但目前史傳及學者的研究僅提及他有三子，[9] 則新文獻的出土和研究，仍有補史的功用。

成月公主卒後葬於長安少陵原，是臨時權宜之舉，還是有其他原因。根據〈慕容曦皓墓誌〉曰：「公諱曦皓，字曦皓，京兆長安人……地望顯赫，冠冒當時……以寶應元年九月十二日遘疾終於任，春秋五十五。以大曆四年歲次己酉二月十日自太原啟殯，卜宅於長安縣高陽原，禮也。」另據〈慕容瓌墓誌〉：「貞元十七年二月，終池陽墅第，時年四十八。兆吉凶，厝於堂。今元和十四年八月廿六日，乃吉，啟殯遷於卿之闕裡庚穴……九尺之墳，終南之北，其原日高陽原。」則慕容環卒後也葬於高陽原。武氏卒於長安，遷葬於甘肅武威祖塋。而慕容曦皓卒於太原，遷葬於長安高陽原，並稱京兆長安人。有學者將此處的「京兆長安人」理解為郡望，[10]或以為因其故里為吐蕃所占而葬於長安，[11]筆者以為當與北魏以來鮮卑貴族遷徙至洛陽，子孫遂稱洛陽人或河南人一樣。〈慕容曦皓墓誌〉謂其為京兆長安人，主要根據是：「玄宗朝，特發音誥，隸於神州。」

本文所要提出的問題是，成月公主作為吐谷渾慕容氏貴族，何以在長安的一座尼寺中修持呢？下文要討論到的興聖寺主法澄是因為涉罪才被籍沒入寺的，那成月公主又是因為什麼原因呢？

周偉洲先生等學者都曾提到慕容忠、慕容曦光、慕容明、慕容威等吐谷渾慕容

9 參見周偉洲《吐谷渾史》，第二四五頁，桂林：廣西師範大學出版社，二〇〇六年。周偉洲《吐谷渾資料輯錄》（增訂本），第三七八頁，北京：商務印書館，二〇一七年。

10 孫瑜〈唐慕容曦皓墓誌考釋〉，《山西師大學報（社會科學版）》，二〇一〇年第三期。

11 陳瑋〈新出唐吐谷渾王族慕容環墓誌研究〉，《中國邊疆史地研究》，二〇一四年第四卷第四期。

氏王族男性子弟童年入侍，以其軍功及考績，逐步超遷等內容，[12] 但那都是男性子弟，貴族女性入尼寺修行則是一個例外。

四、與〈弘化公主誌〉對讀，考察唐與吐谷渾關係的新視角

〈大周故弘化公主李氏賜姓曰武改封西平大長公主墓誌銘并序〉

公主隴西成紀人，即大唐太宗文武聖皇帝之女也。家聲祖德，造天地而運陰陽；履翼握褒，禮神祇而懸日月。大長公主，誕靈帝女，秀奇質於蓮波；託體王姬，湛清儀於桂魄。公宮稟訓，沐胎教之宸猷；姒幄承規，挺璿闈之睿敏。以貞觀十七年出降於青海國王勒豆可汗慕容諾賀鉢。其人也，帝文命之靈苗，斟尋氏之洪胤，同日磾之入侍，獻款歸誠；類去病之辭家，懷忠奮節。我大周以曾沙紐地，練石張天，萬物於是惟新，三光以之再朗。主乃賜同聖族，改號西平，光寵盛於釐媯，徽猷高於乙妹。豈謂巽風清急，馳隙駟之晨光；閱水分流，徙藏舟之夜壑。以聖曆元年五月三日寢疾，薨於靈州東衙之私第，春秋七十有六。既而延平水竭，惜

龍劍之孤飛；秦氏樓傾，隨鳳簫而長往。以聖曆二年三月十八日葬於涼州南陽暉谷冶城之山崗，禮也。吾王亦先時啟殯，主為別建陵垣，異周公合葬之儀，非詩人同穴之詠。嗣第五子右鷹揚衛大將軍宣王萬等，痛深欒棘，願宅兆而斯安；情切蓼莪，慚陟屺而無逮。撫幽埏而掩泗，更益充窮；奉遺澤而增哀，彌深眷戀。以為德音無沫，思載筆而垂榮；蘭桂有芬，資紀言而方遠。庶乎千秋萬歲，無慚節女之陵；九原三壤，不謝貞姬之墓。其銘曰：

瑤水誕德，巫山挺神，帝女爰降，王姬下姻。燕筐含玉，門牓題銀，珈珩揥象，軒佩莊鱗。（其一）

與善乖驗，竟欺遐壽，返魄無徵，神香徒有。婺彩潛翳，電光非久，瞼碎芙蓉，茄悽楊柳。（其二）

牛崗闢壤，馬鬣開墳，黛柏含霧，蒼松起雲。立言載筆，紀德垂薰，願承榮於不朽，庶傳芳於未聞。（其三）[13]

12 周偉洲《吐谷渾史》，第一六三頁，桂林：廣西師範大學出版社，二〇〇六年。

13 周紹良主編《唐代墓誌彙編》上冊，第九四四—九四五頁，上海：上海古籍出版社，一九九二年。

《冊府元龜》卷九七九〈外臣部．和親二〉記載：「則天長壽三年（六九四）二月，西平大長公主（按即弘化公主）還蕃。公主者，太宗族妹，貞觀中，吐蕃遣使請婚，至是來朝，設歸寧之禮焉。」夏鼐先生考證此條時認為「吐蕃」即吐谷渾。[14]

貞觀十三年（六三九），諾曷鉢到長安朝見太宗，太宗將宗室女弘化公主嫁給了諾曷鉢。永徽三年（六五二），弘化公主和諾曷鉢來長安朝見，唐高宗封諾曷鉢為駙馬都尉，將宗室女金城縣主嫁給諾曷鉢的長子慕容忠。慕容忠死後，弘化公主又為次子右武衛大將軍、梁漢王慕容闥盧摸末請婚，唐高宗將宗室女金明縣主嫁給了他。吐谷渾的三位可汗，僅唐前期就絡繹娶到了弘化公主、金城縣主、金明縣主等三位唐朝貴族女性，足見唐與吐谷渾的關係還是很密切的。

龍朔三年（六六三），形勢惡化，吐谷渾大臣素和貴逃亡吐蕃，將情報全盤吐露。吐蕃大軍入侵，弘化公主和諾曷鉢帶領數千帳吐谷渾百姓逃至唐朝的涼州，請求唐朝救援。高宗以涼州都督鄭仁泰為青海道行軍大總管，帥右武衛將軍獨孤卿雲、辛文陵等分屯涼、鄯二州，遣左武衛大將軍蘇定方為安集大使，保護吐谷渾殘餘勢力，以備吐蕃。

關於弘化公主的研究，史學界較多關注的是唐朝與吐谷渾的關係，以及她在其間所起到的作用，但是，還有些更基本的問題尚未能解決，如為何墓誌提及她下嫁諾曷鉢的時間與史傳記載的不一致？她與諾曷鉢共有多少子嗣？[15]她的長女名叫什麼？為何要把次女成月公主送到長安入寺學法？等等。

首先是弘化公主出降的時間。史傳記載是貞觀十四年（六四〇），〈弘化公主墓誌〉則謂：「以貞觀十七年出降於青海國王勤（勒）豆可汗慕容諾曷鉢。」杜光簡和慕壽祺都疑史傳有誤，認為墓誌記載是正確的；夏鼐則認為史傳「皆係根據當時實錄，年月不應有誤。誌文出自後人，追記五六十年前之事，未暇深考，自易致誤」，故傾向於貞觀十四年（六四〇），周偉洲從夏鼐說。李延愷則認為史書為後人撰寫，墓誌係當時的人撰寫，墓誌更為可信。[16]

〈故張掖郡王慕容府君墓誌〉：「自後魏至梁、隋、唐，每代尚主，婚連皇戚，

14 夏鼐《考古學論文集》，第一〇七—一〇八頁，北京：科學出版社，一九六一年。
15 周偉洲《吐谷渾資料輯錄》所列吐谷渾世系對於諸曷鉢的子嗣只提及三人，見該書第三七八頁。
16 引自濮仲遠〈唐代吐谷渾慕容氏王室墓誌研究述評〉，《青海民族大學學報（社會科學版）》，第三九卷，二〇一三年第三期。

侈貴崇極。」僅以隋唐時期而言，就前後有多位貴族女性下嫁給吐谷渾王，分別是隋代的光化公主，唐代除了弘化公主下降諾曷鉢外，還有金城縣主下降慕容忠、金明縣主下降闥盧摸末，後面兩位公主的許婚與迎娶，弘化公主在其間也起了重要作用。此外，還有李深與元王慕容若、姑臧縣主與慕容宣超的和親，史書闕載，僅見於墓誌文獻。[17]

唐與周邊少數民族的關係好壞親疏不一，吐谷渾與唐的關係比較親近，除了祖先與鮮卑民族有共同關係外，恐怕包括弘化公主等人在內都做了不少切實的貢獻，這樣既消除了唐政府的心腹之患，也延續了吐谷渾的長期存在。

五、與法澄塔銘比較，看唐代貴族女性崇佛現象

〈大唐故興聖寺主尼法澄塔銘并序〉

法師諱法澄，字無所得，俗姓孫氏，樂安人也。吳帝權之後。祖榮，涪州刺史；父同，同州馮翊縣令。法師第二女。降精粹之氣，含弘量之誠，大惠宿持，靈

心早啟。鑒浮生不住，知常樂可依，託事蔣王，求為離俗。遂於上元二年出家，威儀戒行，覺觀禪思，跡履真如，空用恆捨，遂持瓶鉢一十八事，頭陀山林，有豹隨行，逢神擁護，於至相寺康藏師處聽法。探微洞悟，同彼善才；調伏堅持，寧殊海意。康藏師每指法師謂師徒曰：住持佛法者，即此師也。如意之歲，涇刑肆逞，誣及法師，將扶汝南，謀其義舉，坐入宮掖。故法師於是大開聖教，宣揚正法，歸投者如羽翮趨林藪，若鱗介赴江海。昔菩薩化為女身，於王後宮說法，今古雖殊，利人一也。中宗和帝知名放出，中使供承，朝夕不絕。景龍二年，大德三藏等奏請法師為紹唐寺主，敕依所請。今上在春宮，幸興聖寺，施錢一千貫充修理寺。以法師德望崇高，敕補為興聖寺主。法師修緝畢功，不逾旬月。又於寺內畫華嚴海藏變，造八角浮圖，馬頭空起舍利塔，皆法師指受規模及造，自餘功德不可稱數。融心濟物，遍法界以馳神；廣運冥功，滿虛空而遇化。不能秖理事塗，請解寺主。遂抄華嚴疏義三卷，及翻盂蘭盆經、溫室經等，專精博思，日起異聞，疲厭不生，誦經行道，視同居士。風疾現身，乃臥經二旬，飲食絕口。起謂弟子曰：我欲捨壽，不知

17 分別見於〈大唐故夫人李氏墓誌〉和〈慕容曦皓墓誌〉。

死亦大難，為當因緣未盡。後月餘，儼然坐繩床七日不動，唯聞齋時鐘聲即喫水。忽謂弟子曰：扶我臥，我不能坐死。臥訖遷神，春秋九十，開元十七年十一月三日也。以其月廿三日安神於龍首山馬頭空塔所。門人師徒弟子等未登證果，豈知鶴林非永滅之場，鷲嶺是安禪之所？號慕之情，有如雙樹。法師仁孝幼懷，容儀美麗，講經論義，應對如流。王公等所施，悉為功德。弟子嗣彭王女尼彌多羅等，恐人事隨化，陵谷遷移，紀德鐫功，乃為不朽。銘曰：

易高惟一，道尊自然，大法雄振，豈曰同年。優陁花色，曇彌善賢，錯落倫次，師在其間。濟彼愛河，拯斯苦海，導引群類，將離纏蓋。不虛不溢，常住三昧，是相無定，隨現去來。雙林言滅，金棺復開，有緣既盡，歸向蓮臺。眾生戀慕，今古同哀。[18]

「託事蔣王」之蔣王是指李惲（？—六七四），唐太宗李世民第七子，唐高宗李治異母兄，母王氏。據《舊唐書》卷七六〈太宗諸子〉：「蔣王惲，太宗第七子也。貞觀五年，封郯王。八年，授洛州刺史。十年，改封蔣王、安州都督，賜實封八百戶。二十三年，加實封滿千戶。永徽三年，除梁州都督。惲在安州，多造器用服玩，及將行，有遞車四百輛。州縣不堪其勞，為有司所劾，帝特宥之。後歷遂、相二州刺史。上元年，有人詣闕誣告惲謀反，惶懼自殺，贈司空、荊州大都督，陪葬昭陵。」《新唐書》卷八〇〈太宗諸子〉內容基本相同，唯述及被誣告謀反事較詳細：「蔣王惲，始王郯，又徙王蔣，拜安州都督，賜實封千戶。永徽三年，徙梁州。惲造器物服玩，多至四百車，所經州縣騷然護送，為有司劾奏，詔貸不問。上元中，遷箕州刺史。錄事參軍張君徹誣告惲反，詔使者按驗，惲惶懼自殺。高宗知其枉，斬君徹，贈惲司空、荊州大都督，陪葬昭陵。」王妃元氏，先去世。孫法澄應是蔣王的次妃。

「法師諱法澄，字無所得，俗姓孫氏，樂安人也。吳帝權之後。祖榮，涪州刺史；父同，同州馮翊縣令。法師第二女……託事蔣王，求為離俗。遂於上元二年出家……及法師將扶汝南，謀其義舉，坐入宮掖。」似乎法澄在蔣王李惲未自殺前，已經出家，「坐入宮掖」是後來的事，原因是「將扶汝南，謀其義舉」，當指汝南郡王嗣蔣王李煒，垂拱年間被武則天處死這一件事情。此事新、舊《唐書》蔣王李惲

18 李志暕（彭王志暕）〈興聖寺主尼法澄塔銘〉，見《全唐文》卷一〇〇，本文錄文據周紹良主編《唐代墓誌彙編》（下冊），第一三六二頁，上海：上海古籍出版社，一九九二年。

傳記錄簡略，《資治通鑑》敘述較詳：「（永昌元年），夏，四月，甲辰，殺辰州別駕汝南王煒、連州別駕鄱陽公諲等宗室十二人，徙其家於巂州。煒，惲之子；諲，元慶之子也。」[19]

「中宗和帝知名放出，中使供承，朝夕不絕。景龍二年，大德三藏等奏請法師為紹唐寺主，敕依所請。今上在春宮，幸興聖寺，施錢一千貫充修理寺。以法師德望崇高，敕補為興聖寺主。」這一段述及法澄與統治者高層的聯繫。唐中宗任命其為紹唐寺主，唐玄宗在做太子時曾幸興聖寺，又補任法澄為興聖寺主。

關於唐代女性修習佛法，以及入寺為尼等，已經有不少討論，[20] 其中多舉法澄為例，故這裡不再贅述。唯法澄入寺修持並任寺主，與成月公主的入寺似乎還是有區別。特別是考慮到成月公主之母弘化公主對唐與吐谷渾的和睦相處，貢獻尤多，而其父青海王諾曷鉢受唐冊封，與唐和親，生前其石像已被立於昭陵、乾陵，這些都具正面意義，故成月公主的入寺要麼是一種堅定的信仰，要麼就是一種處罰。因目前還沒有更多的資料，故也不再做更詳細的推測了。

六、興聖寺的建築及其變遷

興聖寺是唐長安外郭城內的一座寺院，史籍對其記載不少，但內容都較為簡略。據《唐會要》卷四八：「興聖寺，通義坊。本高祖潛龍舊宅。武德元年，以為通義宮。貞觀元年，立為尼寺。」[21]又《長安志》卷九：「次南通義坊。西南隅，興聖尼寺。高祖龍潛舊宅。武德元年，以為通義宮。貞觀元年，立為寺。」[22]《增訂唐兩京城坊考》卷四：「次南通義坊。西南隅，興聖尼寺。高祖龍潛舊宅。武德元年以為通義宮，貞觀元年立為寺。《舊書・楊收傳》：武德元年五月，備法駕於長安通義里舊廟，奉迎宣簡公、懿王、景皇帝神主升祔太廟。寺有高祖寢堂，景雲二年，寢堂前枯柿樹復生，有敕封植焉。按彭王志諫有〈興聖寺主尼法澄塔

19 《資治通鑒》第一四冊，卷二〇四〈唐紀〉二十，第六四五七頁，北京：中華書局本點校本，一九五六年。

20 李玉珍《唐代比丘尼》，臺北：學生書局，一九八九年。陳懷宇〈中古時代后妃為尼史事考〉，《華林》第二卷，北京：中華書局，二〇〇二年。周玉茹〈唐代內尼稽考〉，《佛學研究》，二〇〇八年十二月。楊梅〈唐代尼僧與世俗家庭的關係〉，《首都師範大學學報》，二〇〇四年第五期。

21 《唐會要》中冊，卷四八，第八四五頁，北京：中華書局，一九五五年。

22 宋敏求撰、閻琦等校點《長安志》卷九〈唐京城〉三，第一八一頁，西安：三秦出版社，二〇一三年。

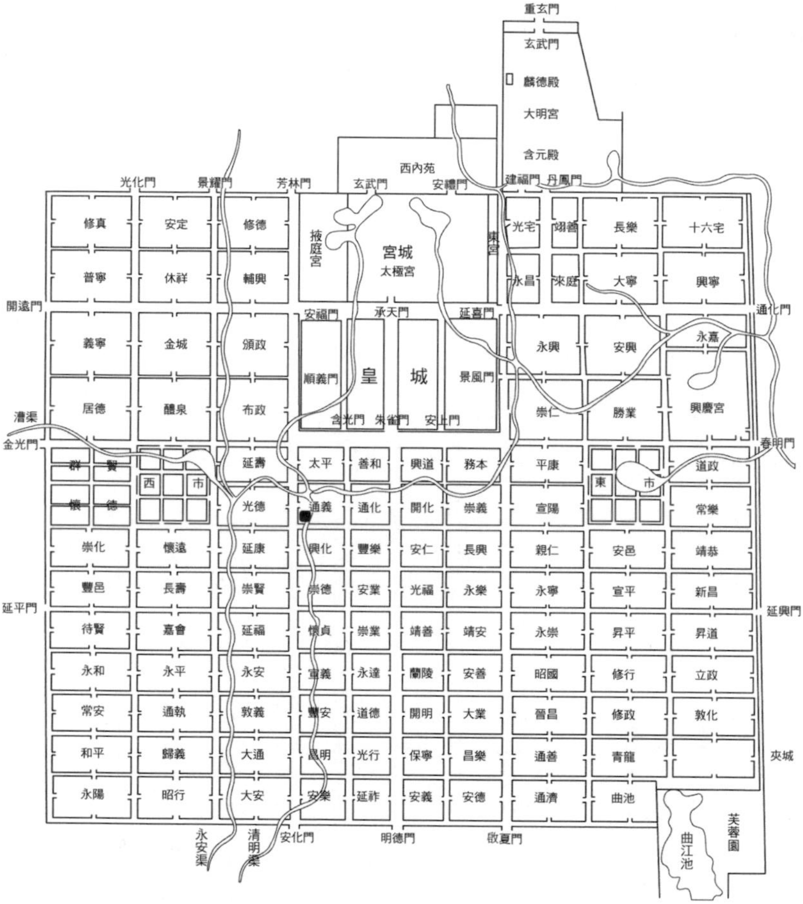

興聖尼寺（圖中黑點）在唐長安外郭城位置示意

銘〉。」[23] 其地在今西安市西北大學太白校區南大學南路附近。

興聖寺在唐代前期的政治文化地位極其特殊：始為高祖潛龍舊地，高祖捨宅為宮，太宗欽改尼寺。玄宗親幸，施錢修寺。可見此地與唐前期的宮廷政治有密切關係。

據學者考證，[24] 貞觀二年（六二八）始，唐太宗邀請了京師很多的高僧來到皇宮，舉行了七天的法會。同時，他敕令度僧尼一千人，並興聖寺改為尼姑庵。

本文關注的還有另外一個問題，即興聖寺內的美術與建築。〈大唐故興聖寺主尼法澄塔銘并序〉：「法師修緝畢功，不逾旬月。又於寺內畫華嚴海藏變，造八角浮圖，馬頭空起舍利塔，皆法師指授規模及造，自餘功德不可稱數。」這一段話涉及三個方面的建築和美術問題：一是〈華嚴海藏變〉壁畫，二是八角浮圖，三是「馬頭空起舍利塔」。

興聖寺內的〈華嚴海藏變〉是怎麼回事呢？一般認為實際上就是指華嚴經變。實叉難陀譯《華嚴經》卷八介紹蓮花藏世界是：「此香水海有大蓮花，名種種光明

23 徐松撰、李健超增訂《增訂唐兩京城坊考》卷四，第一七七頁，西安：三秦出版社，二〇〇六年。

24 余海濤〈神聖與世俗：唐長安興聖寺考論〉，《鄭州航空工業管理學院學報（社會科學版）》，二〇一六年第四期。

蘂香幢。華（花）藏莊嚴世界海住在其中，四方均平，清淨堅固，金剛輪山，周匝圍繞，地海眾樹，各有區別。」華藏莊嚴世界海的上方（類似海邊位置）是由無數彩雲構成的宇宙，這是善財參拜普賢時看到的大千世界。又《華嚴經》卷八十：「爾時，善財童子見普賢菩薩如是自在神通境界，身心遍喜，踴躍無量，重觀普賢一一身分、一一毛孔，悉有三千大千世界。風輪、水輪、地輪、火輪，大海、江河及諸寶山、須彌、鐵圍，村營、城邑、宮殿、園苑，一切地獄、餓鬼、畜生、閻羅王界，天龍八部、人與非人，欲界、色界、無色界處，日月星宿、風雲雷電、晝夜月時及以年劫、諸佛出世、菩薩眾會、道場莊嚴；如是等事，悉皆明見。如見此世界，十方所有一切世界悉如是見；如見現在十方世界，前際、後際一切世界亦如是見，各各差別，不相雜亂。」

張彥遠《歷代名畫記》卷三〈洛陽敬愛寺〉：「西禪院北壁華嚴變（張法受描）。……山亭院十輪經變、華嚴經，並武靜藏畫。」按：武靜藏畫的華嚴經應該是華嚴經變。同卷記載長安「懿德寺。三門樓下兩壁神，中三門東西華嚴變，並妙。三門西廊東，靜眼畫山水。」靜眼即陳靜眼，唐前期名畫家。《唐大和尚東征傳》記鑒真東渡，於天寶十二載（七五三）「至廣州，盧都督率諸道俗出迎城外，恭敬承事，其事無量。引入大雲寺，四事供養，登壇受戒。此寺有訶棃勒樹二株，子如大棗。又開元寺有胡人造白檀華嚴經九會，率工匠六十人，三十年造畢，用物卌萬貫錢。欲將往天竺，采訪使劉巨鱗奏狀，敕留開元寺供養，七寶莊嚴，不可思議。」

除了中原地區的華嚴經變外，敦煌莫高窟也有許多華嚴經變，從盛唐晚期到宋代都有繪製，據統計一共有三十鋪華嚴經變。[25]

一般認為法澄卒後葬於塔中，但據劉淑芬考證，法澄是葬在馬頭空的石室，而非其所修的舍利塔之內。僧尼的墓誌塔銘中，多有稱「營空」、「為空」或「鑿空」以為葬所者，其實都是指石室瘞葬。《續高僧傳》卷二五〈感通上．唐雍州義善寺釋法順傳〉中，敘述法順在長安東郊馬頭開鑿修禪的石窟，可以很清楚地顯示這一點：「釋法順，姓杜氏，雍州萬年人也。……十八棄俗出家，事因聖寺僧珍禪師，受持定業。珍姓魏氏，志存儉約，野居成性。京室東阜，地號馬頭，空岸重邃，堪為靈窟。珍草創伊基，勸俗修理，端坐指撝，示其儀則。忽一犬不知何來，足白身黃，自然馴擾，徑入窟內，口銜土出，……乃至龕成，無為而死。」[26] 據劉淑芬的

25 王惠民〈《華嚴經》與華嚴圖像〉，見敦煌研究院網站public.dha.ac.cn/content.aspx?id=268264382355。
26 又見《法苑珠林》卷二八。

研究可知，長安附近的石室瘞窟集中在杜城、馬頭和少陵原三個地區。文獻上所見，杜城一帶稱開窟，而馬頭和少陵原則多以「空」或「穴」為名。

由於馬頭一帶的地形易於鑿成窟室，「空」通「孔」，宋人魏泰《隱居詩話》云：「秦人呼土窟為土空。」[27]故關中一帶習稱土窟為「土空」，所以在馬頭鑿成的窟室就稱為「馬頭空」，也有因音近訛稱為「馬騰空」，或稱「馬頭穴」者。「馬頭空」又稱「馬頭崆」，直到清代以後才因為一音之轉而稱為「馬登空」與「馬騰空」，今西安雁塔區仍有馬騰空鄉，等駕坡以南一帶，也有叫馬騰空村的地名。[28]

但劉淑芬謂法澄是太子太保宋國公蕭瑀的第五女，蕭瑀是三階教徒，三階教徒有實施露屍葬林葬的傳統，是以蕭瑀之族出家者中，法澄採石室瘞藏於土窟中云云。[29]顯然是失察之誤，前一節已考述法澄的家世，此不再贅述。

七、本文的初步結論和推論

本文對新見吐谷渾慕容氏成月公主的墓誌進行了錄文和初步整理，深感這一新文獻對深化吐谷渾研究、唐代貴族女性修佛研究、長安寺廟研究等均有重要意義。賢者識其大，不賢者識其小。因筆者並非專攻民族史，僅就文獻本身所提及的資訊進行討論，似可得出如下初步的結論：

第一，成月公主當係吐谷渾諾曷鉢與弘化公主所生，為其次女，生於貞觀二十年（六四六），卒於總章元年（六六八），得年二十三歲。幼時即入唐代長安的興聖尼寺修習，卒於寺內，葬於明堂縣（今陝西西安市長安區）少陵原。

第二，通過〈成月公主誌〉及〈弘化公主墓誌〉知，諾曷鉢至少育有五子二女，而一般的研究者僅提及其有三子。又，傳世文獻對弘化公主下嫁諾曷鉢的時間與出土的〈弘化公主墓誌〉不同，學界多採傳世文獻的說法，筆者以為，如無更直接有力的文獻支持，應以墓誌為準，至少交代分歧，兩說並存。

第三，成月公主所修習的興聖寺是一座尼寺，由唐高祖李淵的舊居改建，但與

27 胡仔纂集《苕溪漁隱叢話》前集卷五五引，第三七八頁，北京：人民文學出版社，一九六二年。

28 周曉薇、王其禕〈新出隋墓誌所見大興城城郊地名釋證三題〉，《中國歷史地理論叢》二〇一六年第四期，對馬頭空的地理方位、名稱沿革有非常細緻的考論，可參讀。

29 劉淑芬〈石室瘞窟——中古佛教露屍葬研究之二〉，《大陸雜誌》第九八卷第二期，一九九九年二月。

一般的尼寺似有較大區別，其地理位置在長安外郭城通義坊，距皇城、宮城較近，唐玄宗為太子時經常出入於該寺，寺主尼法澄本身就曾是王妃，因罪被籍沒，故與統治階級高層的關係密切。

第四，興聖寺作為一座尼寺，在政治上與統治階級高層關係密切，高祖捨宅，太宗立寺，玄宗巡幸並任命寺主，在教義上當屬華嚴宗，故寺內有寺主法澄繪製的〈華嚴海藏變〉。而法澄圓寂後所葬的馬頭空，應是將其葬於馬頭空的窟室內，也就是中古時期僧人常採用的石室瘞窟法。

〈成月公主誌〉篇幅不長，但內容豐富，涉及到唐代政治、中西交通、民族關係、佛教與女性信仰、宗教建築及美術等諸多內容，筆者並不專攻這些領域，故這裡僅僅是提出問題，希望能引起更多方家的關注和深入研究。

附錄　與本文相關聯的吐谷渾大事記（六三六—六九八年）[30]

吐谷渾王在位繫年	唐朝年號（西元）	大事記（見周偉洲本）	備注（見本文）
諾曷鉢一年	貞觀十年（六三六）	唐以順子諾曷鉢為河源郡王，授烏地也拔勒豆可汗，為唐屬國。年底，諾曷鉢到長安朝見，並請婚。	
諾曷鉢三年	貞觀十二年（六三八）	吐蕃風聞吐谷渾尚唐公主，又阻撓自己與唐王室通婚，遣兵擊吐谷渾，占據青海以南地區，不久又退回。	
諾曷鉢四年	貞觀十三年（六三九）	唐以宗室女弘化公主許諾曷鉢。諾曷鉢來京朝見，並迎公主。	按：夏鼐、周偉洲認為弘化公主此年許嫁。
諾曷鉢五年	貞觀十四年（六四〇）	太宗命淮陽王道明送弘化公主於吐谷渾，資送甚厚。	
諾曷鉢六年	貞觀十五年（六四一）	唐文成公主嫁吐蕃松贊干布，經青海吐谷渾時，受到諾曷鉢的盛大歡迎。時吐谷渾宰相宣王專政，欲劫諾曷鉢及弘化公主投吐蕃。諾曷鉢等逃至唐鄯州，唐軍與吐谷渾威信王合兵，擊殺宣王。	

30　周偉洲《吐谷渾史》，第二三〇—二三四頁（桂林：廣西師範大學出版社，二〇〇六年）列有吐谷渾大事年表，本文引用並略有損益增訂。

諸曷鉢八年	貞觀十七年（六四三）	吐谷渾遣使向唐獻方物。	據〈弘化公主墓誌〉：貞觀十七年出降於慕容諾賀鉢。
諸曷鉢十一年	貞觀二十年（六四六）		諸曷鉢次女成月公主生。
諸曷鉢十四年	貞觀二十三年（六四九）	唐太宗去世，以諸曷鉢石像列於昭陵之前。高宗繼位，諸曷鉢獻馬牛，高宗以其為駙馬都尉。	
諸曷鉢十七年	永徽三年（六五二）	正月、八月，吐谷渾向唐遣使朝貢，獻名馬。十一月，弘化公主自吐谷渾來朝，並為其子慕容忠請婚。	
諸曷鉢三十一年	乾封元年（六六六）	唐封河源郡王諾曷鉢為青海國王，吐蕃祿東贊自吐谷渾境還。	
諸曷鉢三十三年	總章元年（六六八）		成月公主四月七日卒於興聖寺，十一月廿二日，葬於明堂縣少陵原。得年二十三歲。
諸曷鉢四十年	上元二年（六七五）	吐蕃遣大臣論吐渾彌來請和，高宗不許。團吐渾可汗所娶吐蕃公主子坌達延墀松向吐蕃贊普貢金鼎。	興聖寺主尼法澄出家。

諾曷鉢五十三年、慕容忠一年	武后垂拱四年（六八八）	諾曷鉢卒，子慕容忠嗣，襲爵。坌達延墀松參加吐蕃的集會議盟。	
慕容忠二年	武后永昌元年（六八九）	吐蕃公主贊蒙墀邦嫁吐谷渾王為妻。	
慕容忠十一年、宣趙一年	武后聖曆元年（六九八）	弘化公主、慕容忠卒，忠子宣趙襲爵。	弘化公主卒於靈州東衙之私第，享年七十六歲。
	武后聖曆二年（六九九）		弘化公主葬於涼州南陽暉谷冶城之山崗。
	景龍二年（七〇八）		法澄為紹唐寺主。
			〈法澄塔銘〉：玄宗在春宮，幸興聖寺，施錢修寺，以法師德望崇高，敕補為興聖寺主。
	開元十七年（七二九）		法澄卒，享年九十歲。
	貞元十七年（八〇一）		慕容瓌卒，享年四十八歲。

新見唐代安優婆姨塔銘漢文部分釋讀

新開館的陝西榆林市榆陽區古代碑刻藝術博物館收藏著一批有價值的石刻文物，其中包括一方唐代粟特人墓誌，題為〈大唐故安優婆姨塔銘并序〉，高四十二釐米，寬五十二釐米，塔銘的四邊有植物紋飾圖案，王維坤先生告知屬於纏枝忍冬紋。塔銘分兩部分：漢語文字居前（右），粟特文居後（左）。漢文部分共十一行（包括題目），粟特文共十七行。塔銘的漢文部分因石質風化，磨損較多，但大部分還能辨認，粟特文部分除開頭部分有損，也能大體看清楚。

應博物館的邀請，由西北大學中國文化研究中心組建團隊負責這批新出文物拓片的錄文整理。因這方塔銘的特殊性，我們先行進行專門研究。粟特文部分由榮新江教授推薦，敦請粟特語專家辛維廉（Nicholas Sims-Williams）教授、畢波教授等釋讀研究，漢文部分也有幾位學者在分頭進行專題研究。今由兩個團隊共同公開發布相關研究的成果。

筆者有幸先睹這一新文獻，僅就整理漢文塔銘時的一些感受，不揣譾陋，拋磚引玉，以期能引起學界同好的關注。

一、塔銘并序（漢文部分）錄文

大唐故安優婆姨塔銘并序」
優婆姨姓安，涼府孤臧人也。自開元十七之」
歲，已屆□□王畿，遂聞有普別兩種仏法耳。」
雖聞有藥，未露身，唐捐二周，俄經三載，後遇」
良友，為演一乘之妙理，啟凡俗之迷心，誓畢」
三祇，當闡正法。以開元廿四年二月廿五日，」
遘疾終於群賢坊私第里也，春秋六十有一。」
即以三月二日，遷柩於終南山大善知識林」
側，起塔焉。男思□、善智等，遵遺命也，嗚呼哀」

〈大唐故安優婆姨塔銘并序〉（漢文部分）拓片

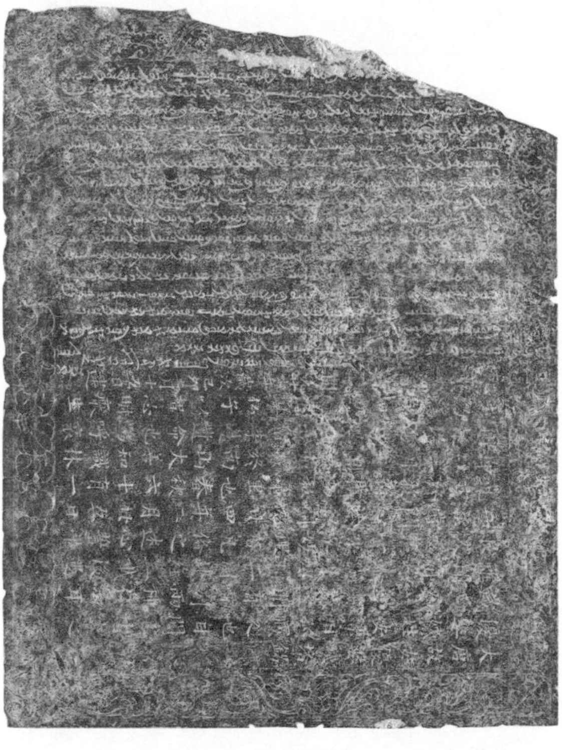

〈大唐故安優婆姨塔銘并序〉全圖拓片

哉。乃為銘曰：□□□真，仏子以智慧明厭生」死□□□□□。開元廿七年歲次己卯二月十五日建。」[1]

本塔銘的漢語部分字數並不多，但左上部的石質有些風化壞損，辨認起來極困難，雖經反覆猜測，仍有一些無法確認，只能暫付闕疑。僅就能辨認的部分，談幾個相關的問題。

二、關於雙語墓誌

用兩種文字撰寫的碑文、墓誌存世的有一部分，如在蒙古發現用漢語和突厥語撰寫的〈闕特勤碑〉，西藏大昭寺前樹立的漢藏語〈唐蕃會盟碑〉，在遼寧省出土的

1 齊志先生對錄文有貢獻。錄文同時參考了畢波、辛維廉〈新發現安優婆姨雙語塔銘之粟特文銘文初釋〉（見《文獻》二〇二〇年第三期）的粟特文釋讀內容，謹致謝意。

用漢語和契丹大字撰寫的〈耶律延寧墓誌〉等，但時代較本塔銘更晚些。

目前，在西安及其周邊新出土的北朝至隋唐墓誌中，也有一些屬於雙語墓誌。其中，比較著名的有〈北周涼州薩保史君墓誌〉、〈迴鶻葛啜王子墓誌銘〉、〈蘇諒妻馬氏墓誌〉。其中葛啜王子墓誌是漢文和魯尼文的雙語墓誌，〈蘇諒妻馬氏墓誌〉以中古波斯（伊朗）的婆羅鉢文為主，誌下半部為漢文直書七行，共計四十四字，比本塔銘的字數要少一些。

墓誌題目	出土地點	出土（收藏）時間	館藏	備註
北周涼州薩保史君墓誌（五七九）	西安大明宮鄉井上村東	二〇〇三年	西安市博物院	粟特文漢文雙語
蘇諒妻馬氏墓誌（八七四）	西安市西郊土門村	一九五五年	陝西省博物館	婆羅鉢文漢文雙語
迴鶻葛啜王子墓誌銘（七九五）	西安市唐長安城明德門附近	二〇一二年	西安大唐西市博物館	漢文魯尼文雙語
遊涅涅槃陁墓誌（五八〇）	河北鄴城	二〇一九年	深圳望野博物館	粟特文漢文雙語
大唐故安優婆姨塔銘并序（七三九）	陝西西安	二〇一九年	榆陽區古代碑刻藝術博物館	漢文粟特文雙語

如前所示，新見雙語墓誌屬於粟特文漢文雙語的有三方，其他文字與漢文雙語的各一方。出土並收藏在陝西的有四方，其他地方的有一方。其中史君墓出土粟特文漢文對應的門楣墓誌最為特別，是目前見到的第一例考古發掘的粟特文墓誌。另外，河北鄴城也新見一方粟特文漢文雙語墓誌，已有辛維廉、畢波、閻焰等的中英文論文討論。[2]在文字排列順序上，漢文居前、外族文字居後的有二方，外族文字居前、漢文居後的有三方，說明當時兩種文字排列順序並沒有一定之規，也可能與墓主人及其家族入華久暫、漢化程度高低有關。另外，就墓葬形制而言，嚴格意義上的墓誌僅有〈蘇諒妻馬氏墓誌〉、〈迴鶻葛啜王子墓誌銘〉，〈安優婆姨塔銘并序〉已經是一種變化的志幽文字，〈北周涼州薩保史君墓誌〉位於石槨南壁槨門上方的

2 Bi Bo, Nicholas Sims-Williams and Yan Yan, "Another Sogdian-Chinese Bilingual Epitaph." Bulletin of the School of Oriental and African Studies 80.2, 2017, pp. 305-318.閻焰：〈遊渥渥槃陁及其妻康紀姜的漢文及粟特文墓誌——粟特客商在相州（鄴）的遺存〉，劉進寶主編《絲路文明》第三輯，第九三—一一〇頁，上海：上海古籍出版社，二〇一八年。

橫枋上，[3] 與一般墓誌銘安置的位置不同。外族人墓誌的名稱也不固定，有稱墓誌，也有稱題記、題銘、銘文、銘記等，說明早期入華外族人的葬制並不固定，也不統一。

三、關於「塔銘」

塔銘是佛教等外來宗教的志幽文字，也是獨具中國文化特色的一種涉佛文體。塔銘在中國的出現，與佛教等外來文化的輸入有關，南北朝時期已有雛形，隋唐以來不斷演化，漸成規模。

唐代是塔銘集中出現的時期。《全唐文》、《全唐文補編》、《唐代墓誌彙編》等各種唐代文獻總集，收錄的唐五代時期塔銘有四百多篇。一批知名的散文家和書法家參與了塔銘的撰製和書寫，如李邕、王維、李華、獨孤及、梁肅、柳宗元、劉禹錫、白居易、皎然等，使塔銘體制漸備、變化轉多，更具思想性、文學色彩和書法價值。

塔銘最早都是為僧人題寫的，但後來不少在家信眾卒後也用塔銘記幽。唐代塔銘的內容，除了要記載塔主的生卒年月、籍里貫望、個人行跡外，通常還會寫明塔主的教派思想、傳承世系、生平榮耀及其所處時代的重大涉佛事件。

塔銘的文體特色，與墓誌銘類似，是一種前「序」後「銘」的寫作模式。「序」用以記敘主人的生平功德，基本是一篇人物傳記；「銘」的內容則是對主人的褒揚，是一種讚頌類的韻語。序文既有駢體，也有散體。銘文則一定是韻文。[4] 就本塔銘而言，似是一種變體，漢文部分的銘文殘損過多，不好辨認，暫不討論。

與本塔銘的討論相關，本篇還會提及〈比丘尼堅行塔銘〉、〈優婆姨張常求塔銘〉、〈故優婆夷段常省塔銘并序〉等。筆者以為，研究塔銘除了繼續深入梳理其文體演變及文獻內容外，可能還要關注其在古代葬制葬法上的作用，以及在喪葬景觀學上的意義。[5]

3 孫福喜〈西安史君墓粟特文漢文雙語題銘漢文考釋〉，《粟特人在中國——歷史、考古、語言的新探索》，第一八一頁，北京：中華書局，二〇〇五年。

4 參見李谷喬《唐代高僧塔銘研究》，吉林大學博士論文二〇一一年。

5 參見本書代前言〈究人冥天之際〉中的相關論述。

四、關於「優婆姨」

優婆姨，即「優婆夷」，梵語為Upāsikā，又譯優婆私柯、優婆斯、優波賜迦、鄔婆斯迦、鄔波斯迦、優波賜迦等。《玄應音義》二十一曰：「鄔波斯迦，或言優波賜迦，此云近善女，言優婆夷者，訛也。」中譯為女居士、居士女、清淨女、清信女、近善女、近事女、近宿女、信女等。慧琳《音義》十三曰：「鄔波斯迦，唐言近善女，或言近事女。」《巴利律藏大品》（Mahā-vagga），謂優婆夷始於智度耶舍之母，耶舍的母親皈依佛陀，成為佛教史上第一位優婆夷。《華嚴疏》六十二曰：「親近比丘尼而承事故。」即在俗之信女。也就是親近三寶、接受三歸、施行善法的在家女子，為在家二眾、四眾，或七眾之一。如能受持五戒（不殺生、不偷盜、不邪淫、不妄語、不飲酒），稱持戒優婆夷。對應的男性為優婆塞，四眾或七眾之一，又可稱為居士。[6]

優婆夷本來是中古時期的一個習見語，不值得特別強調，但有一點值得注意：本塔銘中使用這一概念時，其書寫形式是「婆姨」，而非常見的「婆夷」。那麼，保留並仍活躍在現代漢語中的「婆姨」一詞的寫法究竟何時最早出現？又是何時定型？

尚無法確認。目前學界多從敦煌石窟題記和敦煌遺書中尋找詞例。[7] 本塔銘為研究漢語辭彙書寫演變的進程，增加了墓誌銘文類的新例證。

五、關於安姓

關於安氏得姓之始，記錄北周薩保安伽的〈大周大都督同州薩保安君墓誌銘〉中說：「君諱伽，字大伽。姑藏昌松人。其先黃帝之苗裔分族，因居命氏，世濟門風，代增家慶。」[8]〈安府君（延）墓誌銘并序〉：「君諱延，字貴薛，河西武威人也。靈源濬沼，浪發昆峰；茂林森蔚，華敷積石。」[9]〈安君（神儼）墓誌銘并序〉

6 本段內容據維基百科「優婆夷」條（網址：https://zh.wikipedia.org/zh-cn/優婆夷）和《佛學大辭典》「優婆夷」條（丁福保編纂《佛學大辭典》，第一三八〇頁，北京：文物出版社，一九八四年）。

7 楊森〈「婆姨」與「優婆姨」稱謂芻議〉，《敦煌研究》一九九四年第三期，第一一三頁。

8 陝西省考古研究所〈西安發現的北周安伽墓〉，《文物》二〇〇一年第一期，第二五頁。

9 《唐代墓誌彙編》〈永徽〉〇七六，第一八〇頁，上海：上海古籍出版社，一九九二年。

中也說：「原夫吹律命系，肇跡姑臧。因土分枝，建旟強魏。」[10]古代外族人入華後都會把自己的姓氏上溯到軒轅氏黃帝，並編造出一些神異的故事，不足為奇。章群《唐代蕃將研究》一書大量羅列外族人名字，其中第四章附表九專門羅列唐代安姓人物表，有九十七人之多。[11]雖個別歸類尚可商榷，[12]但已見其人數之眾。

《新唐書》卷二二一下〈西域下〉：

安者，一曰布豁，又曰捕喝，元魏謂忸蜜者。東北至東安，西南至畢，皆百里所。西瀕烏滸河，治阿濫謐城，即康居小君長罽王故地。大城四十，小堡千餘。募勇健者為柘羯。柘羯，猶中國言戰士也。武德時，遣使入朝。貞觀初，獻方物，太宗厚尉其使曰：「西突厥已降，商旅可行矣。」諸胡大悅。其王訶陵迦又獻名馬，自言一姓相承二十二世云。是歲，東安國亦入獻，言子姓相承十世云。

東安，或曰小國，曰喝汗，在那密水之陽，東距何二百里許，西南至大安四百里。治喝汗城，亦曰籛斤。大城二十，小堡百。顯慶時，以阿濫為安息州，即以其王昭武殺為刺史；籛斤為木鹿州，以其王昭武閉息為刺史。開元十四年，其王篤薩波提遣弟阿悉爛達拂耽發黎來朝，納馬豹。後八年，獻波斯驢二，拂菻繡氍毬一，鬱金香、石蜜等，其妻可敦獻柘辟大氍毬二，繡氍毬一，丏賜袍帶、鎧仗及可敦袿羈裝澤。[13]

又，《北史》卷九七〈西域傳．粟特傳〉：

粟特國，在蔥嶺之西，古之奄蔡，一名溫那沙。居於大澤，在康居西北，去代一萬六千里。先是，匈奴殺其王而有其國，至王忽倪，已三世矣。其國商人先多詣涼土販貨，及魏克姑臧，悉見虜。文成初，粟特王遣使請贖之，詔聽焉。自後無使朝獻。周保定四年，其王遣使貢方物。[14]

但廣義的粟特人其實不止於此，學者已經指出，漢文史料中的「九姓胡」、「六州九胡」，均指粟特人。這方面的成果已經很多，以我目力所及，較新的成果如姜伯勤、榮新江、畢波等，海外學者的成果如池田溫、森安孝夫、辛維廉、馬爾夏克

10 《唐代墓誌彙編》〈調露〉〇二四，第六六九頁。

11 章群《唐代蕃將研究》，第二一四—二一七頁，臺北：聯經出版事業公司，一九八六年。

12 蘇慶彬《兩漢迄五代入居中國之蕃人氏族研究（兩漢至五代蕃姓錄）》，第五六八—六七四頁，新亞研究所專刊，一九六七年。蘇著專門按照世系羅列安氏，並分出武威李氏（安氏）、維州安氏、應州安氏、朔州安氏、雲州安氏、振武安氏、金陵安氏等，考鏡源流，析分細緻。

13 《新唐書》第二〇冊，第六二四四—六二四五頁，北京：中華書局點校本，一九七五年。

14 《北史》第一〇冊，第三二二一—三二二二頁，北京：中華書局點校本，一九七四年。

等，[15] 此不贅述。

近年來，粟特研究方興未艾，從境外到國內，越來越受到學界的關注，但大家都感覺到材料尚少，尤其是粟特文的材料極少，故這方雙語塔銘的出現對我們瞭解入華粟特人的生活、習俗、婚喪、信仰、遷徙與定居，唐代的經濟與絲路貿易，均有幫助。

安氏屬於昭武九姓，即粟特人，而來華粟特人集體信奉祆教，亦有信奉摩尼教者，那麼此安姓優婆姨究竟是佛教徒，還是祆教徒，下文將要進行專門討論。

六、關於「涼府孤臧人」

原塔銘比較清楚地看出「孤臧人也」，我們判斷應該為：涼府孤（姑）臧人也。涼府即涼州府，今甘肅武威。姑臧，也有寫成「孤臧」者。據《元和郡縣圖志》卷四十隴石道下涼州：

《禹貢》雍州之西界。自六國至秦，戎狄及月氏居焉。後匈奴破月氏，殺其王，以其頭為飲器，月氏乃遠過大宛，西擊大夏而臣之。匈奴使休屠王及渾邪王居其地。漢武帝之討北邊，休屠、渾邪數見侵掠，單于怒，遣使責讓之，二王恐見誅，乃降漢。漢得其地，遂置張掖、酒泉、敦煌、武威四郡，昭帝又置金城一郡，謂之河西五郡，改州之雍州為涼州，五郡皆屬焉。地勢西北邪出，在南山之間，隔絕西羌、西域，於時號為斷匈奴右臂……隋大業三年改為武威郡，廢總管。隋末喪亂，陷於寇賊，武德二年討平李軌，改為涼州，置河西節度使，（都管兵七萬三千人，馬萬八千八百匹。）備羌胡。

姑臧縣，上。郭下。本漢舊縣，屬武威郡，因姑臧山為名。亦言故匈奴蓋臧城，後人音訛為「姑臧」焉。姑臧南山，一名雪山，在縣南二百三十里。[16]

15 榮新江等《從撒馬爾干到長安：粟特人在中國的文化遺蹟》，北京：北京圖書館出版社，二〇〇四年。比較細緻地羅列了考古與新出土文獻中涉及到的入華粟特人資料及研究成果。另外有姜伯勤《敦煌吐魯番文書與絲綢之路》，北京：文物出版社，一九九四年。畢波《中古中國的粟特胡人：以長安為中心》，北京：中國人民大學出版社，二〇一一年。池田溫〈八世紀中葉敦煌的粟特人聚落〉，見氏著《唐研究論文選集》，北京：中國社會科學出版社，一九九九年。森安孝夫《絲路、遊牧民與唐帝國》，臺北：八旗文化出版社，二〇一八年。畢波、辛威廉《中國人民大學博物館藏和田出土粟特語文書》，北京：中國社會科學出版社，二〇一八年。馬爾夏克《突厥人、粟特人與娜娜女神》，桂林：灕江出版社，二〇一六年。

16 李吉甫撰《元和郡縣圖志》下冊，第一〇一七—一〇一九頁，北京：中華書局點校本，一九八三年。

據此知，涼州為西漢武帝時設置，為十三部州刺史之一，河西四郡之一。東漢時，其治所在隴縣（今甘肅張家川回族自治縣）。三國時，始移治姑臧（今甘肅武威市）。民國後改名武威，一直延續至今。

但熟悉中西交通史者都知道，涼州姑臧並不是包括安姓在內的粟特人的家鄉，而是他們遷徙途中的一個休憩點，或商貿旅途中的一個轉運站。甘肅武威、敦煌、平涼等地，自漢、南北朝迄唐，為旅居中國境內的中西亞商人聚集地，而這些胡商多為粟特人，安優婆姨的祖先即為「昭武九姓」中的安國人。

一九七二年十二月原昭陵文物管理所發掘了安氏墓，得安元壽及夫人翟氏墓誌。安元壽陪葬昭陵，該墓誌銘說，安姓為安息胡人之後，出於安國，後輾轉居於姑臧。安元壽之曾祖弼、祖父羅、父興貴歷仕北周、隋、唐，其家為歷代官宦世家，銘文曰：「媯水導源，涼土開國。」[17] 媯水，即唐時烏滸水，是粟特地區的阿姆河的古稱，古代安國正在阿姆河畔。此句即表明安氏來自阿姆河旁的安國（布哈拉）。《史記》卷一二三〈大宛列傳〉曰：「大月氏在大宛西可二三千里，居媯水北。其南則大夏，西則安息，北則康居。」[18]《漢書》卷九六上〈西域傳．安息國〉載：「安息國，王治番兜城，去長安萬一千六百里。不屬都護。北與康居、東與烏弋山離、西與條支接……臨嬀水，商賈車船行旁國。」[19]《太平寰宇記》卷一八六〈西戎·吐火羅國〉稱：「吐火羅國。一名土壑宜，後魏時吐呼羅國也，隋時通焉。都葱嶺西數百里，在烏滸河南，即嬀水也。」[20]

所謂「嬀水導源，涼土開國」，是說安氏家族源自安國，後來才移居涼州。《元和姓纂》卷四「安姓」下「姑臧涼州」載：「出自安國，漢代遣子朝，國居涼土。後魏安難陁至孫盤娑羅，代居涼州，為薩寶。」[21]《新唐書》卷七五下〈宰相世系表〉有：「武威李氏，本安氏，出自姬姓。黃帝生昌意，昌意次子安，居於西方，自號安息國。後漢末，遣子世高入朝，因居洛陽。晉、魏間，家於安定，後徙遼左，以避亂又徙武威。後魏有難陀孫婆羅，周、隋間，居涼州武威為薩寶。」[22]〈新集天

17 陳志謙〈唐安元壽夫婦墓發掘簡報〉，《文物》一九八八年第一二期，第四七頁。
18 《史記》，第三一六一頁，北京：中華書局點校本，一九五九年。
19 《漢書》，第三八八九—三八九〇頁，北京：中華書局點校本，一九六二年。
20 樂史撰《太平寰宇記》，第三五七〇頁，北京：中華書局點校本，二〇〇七年。
21 《元和姓纂（附四校記）》第一冊，第五〇〇頁，北京：中華書局點校本，一九九四年。
22 《新唐書》，第三四四五—三四四六頁。

下姓望氏族譜一卷并序〉中有「涼州六姓」，[23]安氏也是其中之一。以上傳世文獻和出土文獻可以將安氏出於安國、移居涼州的結論確定下來。[24]

包括涼州武威在內的河西走廊地區，連接著平原、草原、高原、沙漠綠洲等多種地域，是文化學上的所謂過渡地帶，除了具有地域優勢、經濟富庶外，還具有文化上的包容性和交融性，粟特人以此為往返胡漢兩地的轉運地，確非偶然。在中古歷史時期，此地帶不僅包容了絡繹往來的外族人，而且庇護了大批由內地避難的漢族士人，故河西地區不僅是地理學上的走廊，亦具有文化學上發榮滋養的價值。這一層意蘊學人論述漸多，此不贅述。

七、「終於群賢坊私第」

群賢坊屬於唐代長安外郭城坊里，故知安優婆姨在此有私人住宅。孫福喜據幾方粟特人墓誌出土地點推測來華粟特人在長安的居住區，指出：史君墓發現於西安市北郊大明宮鄉井上村，距安伽墓二千五百米，而西安市文物保護考古所最近發現的北周天和六年（五六九）六月下葬的康業墓，又位於安伽墓南僅一百五十米處。這說明：這一區域很可能就是北周時聚居於長安的粟特人的墓葬區。而當時北周的首都就在這一區域西邊約三千至五千米的地區。由此認為：當時的長安城內曾有一個入華粟特人及其後裔的居住區。[25]這個用意很好，但這只能說明是否有粟特人的集中墓葬區，而居住區應該是生活區，它與葬地有關係，但並不一致。

23 據敦煌文書S.2052號〈新集天下姓望氏族譜一卷并序〉第二隴右道．四郡：「涼州武威郡，出六姓：索、石、賈、安、廖、陰。」（鄭炳林《敦煌地理文書匯輯校注》，蘭州：甘肅教育出版社，一九八九年）而據《太平寰宇記》卷一五二記載，「武威郡六姓：賈、陰、索、安、曹、石」（樂史《太平寰宇記》，北京：中華書局，二〇〇七年）。後者較前者多了「曹」姓，少了「廖」姓，其他五姓相同。

24 參見吳玉貴〈涼州粟特胡人安氏家族研究〉，《唐研究》第三卷，第二九五—三三八頁，北京：北京大學出版社，一九九七年。

25 孫福喜〈西安史君墓粟特文漢文雙語題銘漢文考釋〉，《粟特人在中國——歷史、考古、語言的新探索》，第二四頁，北京：中華書局，二〇〇五年。

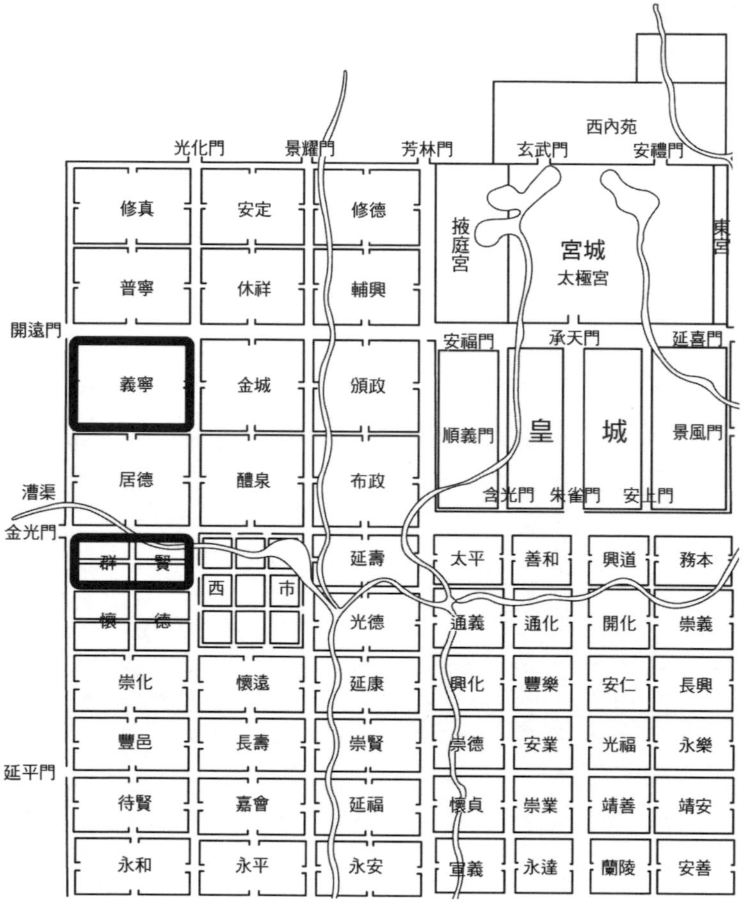

安優婆姨私第所在群賢坊與化度寺所在義寧坊示意圖

已經有學者指出，唐代長安外郭城中金光門、漕渠附近和西市周圍的諸坊是蕃人居住區。如向達稱：「唐代西域各國胡人流寓長安，其居處自不限於一隅，然城西者甚夥，而賈胡則似多聚於西市。」[26] 榮新江認為：「大多數粟特人都住在長安西市附近的坊里中，緊挨西市的醴泉坊最多。」並製「唐長安城內粟特人分布圖」。[27] 其中群賢坊有迴紇瓊、西域石國的石崇俊的住處。[28] 因為有較多的材料支撐，可知金光門到漕渠一帶長安外郭城西北隅諸坊有一個胡人聚居區，這個群落呈環繞式有規律地分布於西市周圍。[29]

26 向達《唐代長安與西域文明》，第三七頁，石家莊：河北教育出版社，二〇〇一年。

27 榮新江〈北朝隋唐粟特人之遷徙及其聚落〉，《中古中國與外來文明》，第八二—八四頁，北京：生活・讀書・新知三聯書店，二〇〇一年。

28 徐松撰、李健超增訂《增訂唐兩京城坊考（修訂版）》，第二五一頁，西安：三秦出版社，二〇〇六年。韓香〈唐代長安中亞人的聚居及漢化〉，《民族研究》二〇〇〇年第三期。張娜《唐代長安城內市民家庭與坊市的關係》，第九頁，曲阜師範大學二〇〇八年碩士論文。

29 詳參榮新江〈北朝隋唐粟特人之遷徙及其聚落〉，《國學研究》第六卷，第二七—八五頁，北京：北京大學出版社，一九九九年；收入《中古中國與外來文明》，第三七—一一〇頁。另榮新江〈北朝隋唐粟特人之遷徙及其聚落補考〉（《歐亞研究》第六輯，第一六五—一七八頁，北京：中華書局，二〇〇七年）一文中對唐朝長安粟特人聚落有專門論說。畢波〈隋唐長安坊市胡人考析〉文中表一載有「街西胡人住戶列表」（《絲綢之路》二〇一〇年第二四期，第五三頁）。

八、關於「普別兩種佛法」、「一乘」等概念

本塔銘中提及安優婆姨「遂聞有普別兩種仏法耳……為演一乘之妙理，啟凡俗之迷心，誓畢三祇，當闡正法」云云。「仏」即「佛」字的異體字，「普別兩種佛法」的說法來源於隋代信行（五四〇—五九四）所創立的三階教。三階教將佛法分為普法和別法。所謂普法，即於法不分大小，於人不辨聖凡，普信普敬，不尊此法而斥他法，所以名為「普」。換言之，是指對法不分大、小乘，於人不辨聖、凡，普信普敬，這是第三階眾生最適合修行的方法。所謂別法，是分別大小乘法和聖賢凡夫，所以名為「別」。

信行將佛教分為正法、像法、末法三個階段，認為各階段的人根基不一，正法時期修持一乘佛法，像法時期修持三乘佛法，而當時處於末法時期，人人「邪解邪行」，應當普信一切佛法，「正學一切普真、普正佛法」，故又稱「普法宗」。關於三階的名稱，《三階佛法密記》卷上的解釋是：「佛在世，佛自住持佛法，位判是第一階時。佛滅度後一千五百年以前，由有聖人及利根正見成就凡夫住持佛法，位判是第二階時。從佛滅度一千五百年以後，利根凡夫戒定慧別解別行，皆悉邪盡，當

第三階時。」[30]信行認為在佛滅後初五百年的正法時期，眾生的根機只能學一乘法，本塔銘漢文部分第五行有「方信一乘之妙理」，應該也是指三階教的這個思想。

第二個五百年的像法時期唯學三乘法，所學各別，所以稱為「別法」，全稱為「別真別正法」。在佛滅後一千年的末法時期，眾生由於根機較鈍，具有空有偏見故，如果偏學大乘或小乘，就會愛此憎彼，必然造成謗法之罪，所以第三階相應的佛法，名為「普法」，全稱為「普真普正佛法」。

據〈比丘尼堅行塔銘〉，可知這位比丘尼俗姓魚氏，京兆府櫟陽人，她的三階教之身分在塔銘也有明顯的體證：

> 貞儀苦節，精勤厥志，損別修而遵普道，欽四行而造真門。[31]

其中的「遵普道」為遵三階佛法，「損別修」是貶低其他教派，態度明確。又，開元十年過世的〈優婆姨張常求塔銘〉曰：

> 優婆姨俗姓張，字常求，望本南陽人也。性樂超塵，志同冰鏡，遂詣訪京華，

30 轉引自[日]矢吹慶輝《三階教之研究》（別篇），第七五—七六頁，東京：岩波書店，一九二七年。

31 《全唐文》卷九九七，第一〇三三〇頁，北京：中華書局影印本，一九八三年。又《長安縣志》有載。

得聞普法。[32]

「遂詣訪京華，得聞普法」，即說明張氏在長安學習了三階教。又，撰寫於玄宗天寶十二載的〈唐故優婆姨段常省塔銘并序〉，也具體地顯示了三階教的旨義：

> 蓋聞宿殖勝因，生逢政教，仰尋師友，意達直心。學普敬法門，慕不輕密行，貞心守志，塵俗不污其情；性等虛空，證真如之境。獨拔愛網，厭世榮華，菩薩埵雄，悲重迦文之妙典。[33]

其中，「學普敬法門，慕不輕密行」，「捨內外之財」等，都屬三階教的教義。

本塔銘中提的佛學概念還有三祇，即三阿僧祇劫，或稱三大阿僧祇劫、三僧劫、三祇劫，大乘佛教術語，發願成佛者，從菩薩至成佛之年時。阿僧祇劫（梵語轉寫：asaṃkhyeya-kalpa），意譯無數長時。劫這個時間單位有大中小三者，這裡所謂的「劫」為大劫，故曰「三大阿僧祇劫」。《維摩詰經講經文》曰：「此菩薩位超十地，果滿三祇；十號將圓，一生成道。」[34] 唐慧淨〈雜言〉詩：「三祇不倦陵二車，一足忘勞超九數。」[35] 宋王安石〈望江南．歸依三寶贊〉詞：「歸依佛，彈指越三祇。」[36]

九、關於「終南山大善知識林側起塔」

如果僅僅通過前面「普別兩種佛法」、「一乘」等個別概念範疇，就認為此安優婆姨信奉三階教義還有些不能確定的話，那麼請再看下文的敘述：「即以三月二日遷柩於終南山大善知識林側起塔焉，男思□、善智等，遵遺命也。」

宋代張禮《遊城南記》中有「望翠微百塔」一句，自注曰：「百塔，在梗梓谷口，唐信行禪師塔院，今謂之興教院。唐裴行儉妻庫狄氏嘗讀《信行集錄》，及歿，遷窆於終南山鴟號堆信行塔之後，由是慕信行者往往歸葬於此。今小塔累累相比，因謂之『百塔』。」[37]

32《唐代墓誌彙編》「開元」一四五，第一二五七頁。

33 王言撰《金石萃編補略》卷二〈唐段常省塔銘〉，第二三頁。

34 王重民原編，黃永武新編《敦煌古籍敘錄新編．集部》第十八冊，第一二七頁，臺北：新文豐出版公司，一九八六年。

35《全唐詩》第二三冊，卷八〇八，第九一一四頁，北京：中華書局，一九六〇年。

36 王安石撰《臨川先生文集》，第四〇三頁，北京：中華書局，一九五九年。

37 史念海、曹爾琴校注《遊城南記校注》，第一五四—一五五頁，西安：三秦出版社，二〇〇六年。「慕」，一本作「異」。

張禮所說的「楩梓谷」，又稱「便子谷」。百塔之地林葬處之樹林，又有屍陀林、禪師林、善知識林、信行林之稱。之所以有大善知識林、善知識林的名稱，是因為按照越王李貞撰、薛稷書的〈隋大善知識信行禪師興教之碑〉，信行禪師被稱為「大善知識」。清人毛鳳枝《南山谷口考》稱：「又西為楩梓谷，一名便子谷，俗名東西田子峪，又名駱駝山。」注曰：「在長安縣南，有楩梓谷水，西北流，會交水，注灃入渭。《寧陝廳志》云：楩梓谷在廳東北五百四十里。」李之勤校注說：「田子谷，今圖作天子峪。」[38] 李健超考證楩梓谷名稱的來歷，是因該地為黃楩樹叢生之處，所以其林是黃楩樹林，其地在今西安市長安區天子峪口。[39]

38 李之勤校注《南山谷口考校注》，第八一—八二頁，西安：三秦出版社，二〇〇六年。
39 李健超〈長安三階教寺院與終南山三階教聖地〉，《漢唐兩京及絲綢之路歷史地理論集》，第二三三頁，西安：三秦出版社，二〇〇七年。又見於《增訂唐兩京城坊考（修訂版）》，第二四七、二三五頁。

今天子峪中的百塔寺

楩梓谷（今長安區天子峪）

隋文帝開皇十四年，信行禪師在京城化度寺去世，「送屍於終南山鵶（鴟）鳴之塠，道俗號泣，聲動京邑，捨身收骨，兩耳通焉。樹塔立碑，在於山足。」[40]《類編長安志》卷九「百塔」引宋人蘇舜欽詩曰：「驅馬南山訪故蹤，僧居瀟灑出塵籠。遶庭石鱉谷間水，當戶鴟號堆上風。無限老松秋色裏，數聲疏鐸月明中。林雞坐聽三號罷，去去前朝氣味同。」[41]可見這一帶在宋元時期已經成為一個知名的景觀。

信行禪師設立並終了的化度寺，在長安外郭城西北部的第三坊義寧坊，而義寧坊距安優婆姨私第所在的群賢坊，中間僅隔一個居德坊，足見距離很近，此優婆姨朝夕往來，耳濡目染，更易於受到三階教的熏習。

隋唐文獻中對這一地點記述較多。如〈大唐崇義寺思言禪師塔銘并序〉：

> 夫法尚應權，言貴稱物，無違於俗，有利於人，所以不捨凡流而登覺路，未階十地便入一乘者，其惟禪師乎。禪師法諱思言，俗姓衡氏，京兆櫟陽人也……以延和元年五月二十三日，捨化於浚郊大梁之域，遂就闍維，嗚呼哀哉，春秋六十有

40 道宣撰，郭紹林點校《續高僧傳》卷一六〈隋京師真寂寺釋信行傳〉，第六〇一—六〇二頁，北京：中華書局，二〇一四年。

41 駱天驤撰，黃永年點校《類編長安志》，第二八七—二八八頁，北京：中華書局，一九九〇年。

九，四十夏……即以開元二年歲次甲寅閏二月己未朔十二日庚午，姪沙門哲及道俗等敬收舍利，於終南楩梓谷大善知識林後本師域所起塔供養。[42]

同樣信奉三階教的另外一位女性，也葬於禪師林附近，據〈大唐故優婆姨張氏塔銘〉：

優婆姨俗姓張，字常求，望本南陽人也。性樂超塵，志同冰鏡，遂詣訪京華，得聞普法。開元十年構疾，至其年二月廿五日，逝化於懷德之私第焉，春秋七十八。遷柩於禪師林北起方墳，禮也。[43]

優婆姨張常求的「遷柩於禪師林北起方墳」，與本塔銘主人安優婆姨的「遷柩於終南山大善知識林側起塔焉」，「起方墳」應該就是「起塔」，何相似乃爾！這不僅僅是塔銘文體範本的互相襲用，更重要的應該是葬禮葬俗的互相繼承。

隋唐時期，在終南山楩梓谷附近出現的這樣一個集中埋葬的區域，此景觀的形成與三階教創始人的葬地在此有關。對此，除張禮的記載外，中外學人論述較多，可以參閱，[44]不再贅述。到了後代，這裡的塔究竟有多少，說法也不一。明趙崡《石墨鐫華》卷七說「今止存三五而已」。清朱楓《雍州金石記》卷三題跋〈道安禪師塔銘〉又說，「此等小碑甚夥」，可見塔數仍有不少。

那麼，從今天的眼光來看，縱使是外族女性，但畢竟是世俗女子而非釋尼，為什麼死後不與同一家族的人葬在一塊，卻要採用林葬而後起塔，陪葬在三階教創始人的塔側呢？

按照劉淑芬的研究，隨著三階教的流傳，也有俗人實行林葬而後起塔，陪葬在其所景仰的僧人塔側，以求「親近善知識」，同時希望「冀婆塞之類，同釋氏之流」。就目前資料所及，可知俗人林葬起塔者都是上層階級者，而從敦煌寫本〈三階教某禪師行狀始末〉，則顯示三階教的信徒中有一部分是中、下階層人士，因此，三階教在唐代可以說是一個流行於上、下階層的教派。[45]

劉淑芬還對不祔葬其夫的婦女，作過一組研究。據悉這些人採取或林葬或起塔

42 《唐代墓誌彙編》「開元」〇〇四，第一一五二頁。

43 《唐代墓誌彙編》「開元」一四五，第一二五七頁。

44 段志淩〈長安百塔寺歷史沿革及相關碑石輯釋〉，《碑林集刊》第一〇輯，第一七五—一八三頁，西安：陝西人民美術出版社，二〇〇四年。張總〈三階教百塔寺始末〉，氏著《中國三階教史：一個佛教史上湮滅的教派》第四章，第三九九—四一六頁，北京：社會科學文獻出版社，二〇一三年。[日]西本照真〈西安近郊の三階教史蹟〉，《印度學佛教學研究》一九九九年四八卷一號，第二一八—二二三頁。

45 劉淑芬〈林葬：中古佛教露屍葬研究之一（三）〉，《大陸雜誌》一九九八年第九六卷第三期，第二〇—四〇頁。

等葬式，主要原因在於信仰佛教、寡居多年、獨自撫子等等，這些人不一定都有胡人血統、胡化婚姻之傾向。劉淑芬的考察還指出，施行佛家葬式，關鍵是不祔葬的這些婦女，都是孀婦。例如，顯慶六年（六六一）葬於長安馬頭空的董夫人，夫婿早逝，撫育遺孤，晚年虔心佛教，遺囑諸子石室瘞葬。天授二年（六九一）去世的邢州任縣主簿王君夫人宋尼子，臨終囑諸子，不願祔葬先夫。因夫婿早亡後她即潛心佛教，且教一子一女出家。長安二年（七〇二）故朝議郎周紹業夫人趙壁，遺令不與夫婿合葬，自言「以府君傾逝年深，又持戒律」，即其自身遵守五戒。開元六年（七一八）逝去的滎州長史薛府君夫人，囑說因奉佛教而不願與夫合葬，遺命在龍門鑿龕而葬。開元十三年（七二五）尚舍直長薛府君夫人裴氏，臨終遺囑不許從夫之墳，也出自接受戒律的觀念。而天寶四載（七四五）行內侍省雷府君宋夫人，早信佛教，中年失夫，晚年臨終囑不令與夫婿合葬。元和七年（八一二）去世的南陽何府君夫人邊氏，因為「早遇善緣，了知世幻」，所以命在其夫墳旁再構一墓，先行土葬，俟後再行火葬焚身，「分灰燼於水陸，此是願也」。會昌四年（八四四）去世的常州武進縣尉王府君夫人蘇氏，其夫早逝，愛子夭折。她遺命火葬，不祔葬。總之，這些婦女不祔葬其夫，無論是早奉佛教、或喪夫後皈依，全是經歷撫子寡居的孀婦。[46]

但據畢波、辛維廉〈新發現安優婆姨雙語塔銘之粟特文銘文初釋〉的粟特文內容：「其夫Wiyus偕三子Sardhmān、Ādh-farn及Puti-thvār遵遺命起塔。諸子痛徹心髓，皆因母之亡逝。」[47] 顯然安優婆姨既非寡居，又非無子女。粟特文塔銘中還提及：「與似佛之母永隔，我等大不幸也；雖得建七寶塔一座，其未得減也。然母於此石塔中，既非嗟悼者，抑非永逝者。」則看來更多的是一種宗教情感，而其夫其子遵其遺願，將其遷葬於大善知識林之側，起塔銘文，與學界對三階教女性信眾因喪夫或寡居而葬的說法有明顯區別。另外，塔銘提及安優婆姨的卒時開元廿四年二月廿五日，建塔時間是開元廿七年二月十五日，間隔時間差不多是三年，這究竟是粟特人的禮俗，還是三階教的喪葬儀軌，仍不得而知。相信通過此個案與相關文獻的深入探賾，會對三階教女性信眾的喪葬習俗有新的理解。

千年以降，在更多的新材料出現以前，我們對這位入華粟特人女性於信行禪師

46 劉淑芬《中古的佛教與社會》，第二七九—二八五頁，上海：上海古籍出版社，二〇〇八年。

47 刊於《文獻》二〇二〇年第三期。

林側遷柩起塔，無限感慨，她的葬法與奇異的「百塔」，為這一葬俗蒙上迄今都未能完全解釋清楚的神祕色彩。

十、本文的初步結論

第一，新出〈大唐故安優婆姨塔銘并序〉用雙語書寫，考慮到新見雙語墓誌的數量有限，故其對深化方興未艾的入華粟特人研究乃至絲綢之路研究，都有極其重要的意義。

第二，因本塔銘是徵集而來，已經無法復原文物出土地點，且有相當程度的風化磨損，故文物與其遺址的許多資訊都無考。學術研究中能推進處是將此方塔銘與已經出土的其他新文獻及傳世文獻進行對照比勘，另外也期待通過漢文部分與粟特文部分的比較釋讀來抉發新意。

第三，僅據塔銘能辨認的漢文內容，仍能提供很多新史料，此安姓優婆姨當是昭武九姓的安國人，即所謂粟特人，但其先世已遷居涼州姑臧。她在長安的私第在外郭城西偏的群賢坊，其地毗鄰西市，有不少外族人集中居住。她沒有像其他粟特人一樣崇信祆教，而是信奉在當時與後世被視為佛教異端的三階教。她的葬法也有些異乎尋常。卒後並沒有依據世俗的葬法，而是採用林葬起塔，與其他僧俗信眾一起，陪葬在三階教創始人信行塔的旁邊。

第四，本文撰寫時塔銘的粟特文釋讀尚未完成，塔銘的漢文部分也有不少殘損缺漏，故本文的初步研究只不過是新文獻的發布而已，期待更多人的關注。還有不少問題，例如，本文提出的還僅僅是個例，粟特人或外族人信奉三階教的還有哪些證據，陪葬大善知識林或百塔中的是否還有其他外族人？另外，此安優婆姨丈夫的族屬、子女的婚配及職業等等，都不得而知。更重要的成果，還有待同行的共同努力。

附記：本文的撰寫，承蒙榆陽區古代碑刻藝術博物館名譽館長齊志先生的信任見示塔銘拓本，也得到榆林市政協、榆陽區政協領導的支持。初稿完成後，呈請榮新江先生審讀，榮先生提了很好的修改意見，惠我良多。稿成，還曾發給粟特文解讀組，也在西安召開的「新見中古石刻文獻整理與研究工作坊」會議上徵求意見。畢波教授將辛維廉教授與她合作進行的塔銘粟特文解讀階段性成果發來，供我參考。凡此高情隆誼，謹一併致謝。

二〇一九年九月二十八日博物館開館之日草於臺中市國光路中興大學學人旅舍

二〇二〇年二月農曆二月二日第三稿修改於西安西北大學長安校區寓所

西安新見兩方迴紇貴族墓誌的初步考察

最近從坊間見到兩方唐代迴紇貴族墓誌銘拓片，一方題爲「故迴紇會寧郡王移建勿墓誌銘并序」，有蓋，題爲「故迴紇會寧郡王誌銘」（圖一）。誌蓋行書，誌文楷書（圖二）。根據拓片測量，誌蓋正面長三十釐米，寬三十釐米；誌長五十四釐米，寬五十二釐米。另一方題爲「唐故迴紇贈天水郡王李府君墓誌銘并序」（圖四），也有蓋，題爲「大唐故迴紇贈天水郡王李府君墓誌銘」（圖三），誌蓋正面長三十二釐米，寬三十二釐米；誌長六十釐米，寬六十釐米。此前不久大唐西市博物館收藏了兩方迴紇墓誌銘，一九八七年西安碑林博物館也收藏了一通有關迴鶻的墓誌，這五方不同時期出土的有關迴紇的墓誌，各具特色，相互間又有聯繫。以下按收藏時間，羅列這五方墓誌的簡況：

〈大唐故迴紇府君墓誌〉（藏西安碑林博物館，簡稱迴紇瓊誌）

〈迴鶻葛啜王子墓誌銘〉（藏大唐西市博物館，簡稱葛啜誌）

〈迴鶻米副侯墓誌〉（藏大唐西市博物館，簡稱米副侯誌）
〈迴紇會寧郡王移建勿墓誌〉（藏榆陽區古代碑刻藝術博物館，簡稱移建勿誌）
〈迴紇贈天水郡王李府君墓誌〉（藏坊間，簡稱李秉義（末阿波）誌）

大唐西市及西安碑林博物館所藏誌，都已經公布，[1] 相關的研究成果曾舉行專題研討會發布，[2] 並陸續結集出版[3]，學界已有較廣泛的瞭解。本文擬討論的這兩方墓誌尚不爲人所知，故筆者不揣譾陋，先做錄文整理，並結合已出文物和相關傳世文獻，做一點膚淺的解釋，拋磚引玉，希望引起各方賢達的不斷跟進與深入研究。

一、兩方新見墓誌銘的錄文

1. 迴紇會寧郡王移建勿墓誌

故迴紇會寧郡王移建勿墓誌銘并序」
大中大夫行戶部員外郎翰林學士臣柳伉奉　勑撰」
朝議郎守同州司馬翰林待詔臣張楚昭奉　勑書」

維唐大曆八年歲次癸丑二月景午朔四日己酉，」故迴紇會寧郡王移建勿終于上都鴻臚之邸舍，春」秋三十。王之祖闕裴羅可汗，父阿薩啜特勤王，即今」英義建功毗伽可汗之季弟也。性頗武毅，工於弧矢」，淳直勁正，居有古風。」皇上以今可汗有戰伐之勳，結婚姻之好，其子弟將」帥來朝會者，皆厚禮之。王充質朝天，已更再葉，」遇疾而歿，嗚呼哀哉。」主上旌其向方，寵以嘉績，命有司具禮遷窆」于萬年縣之鳳栖原，所以致殊俗而遠聲教也。」時四月景午朔廿五日庚午，詞臣受簡，敢作頌」曰：

陰山之裔，厥有淳德。以功受封，」以勤率職。歿有餘眷，開茲地域。」于其志之，永用刊刻。」

2. 迴紇贈天水郡王李秉義墓誌

唐故迴紇贈天水郡王李府君墓誌銘并序」

1 迴紇瓊誌藏西安碑林博物館，墓誌錄文見周紹良、趙超主編《唐代墓誌彙編續集》，六八一頁，上海：上海古籍出版社，二〇〇一年。研究見師小群、王建榮〈西安出土迴紇瓊、李忠義墓誌〉，《文博》一九九〇年第一期。

2 見《唐代漢文魯尼文迴鶻墓誌研究國際工作坊紀要》。集中發表的成果見榮新江主編《唐研究》第一九卷「〈葛啜墓誌〉研究專欄」，北京：北京大學出版社，二〇一三年。

3 見呂建中、胡戟主編《大唐西市博物館藏墓誌研究》（續一）上、下冊，西安：陝西師範大學出版社，二〇一三年。

圖一　〈移建勿墓誌銘〉誌蓋拓片

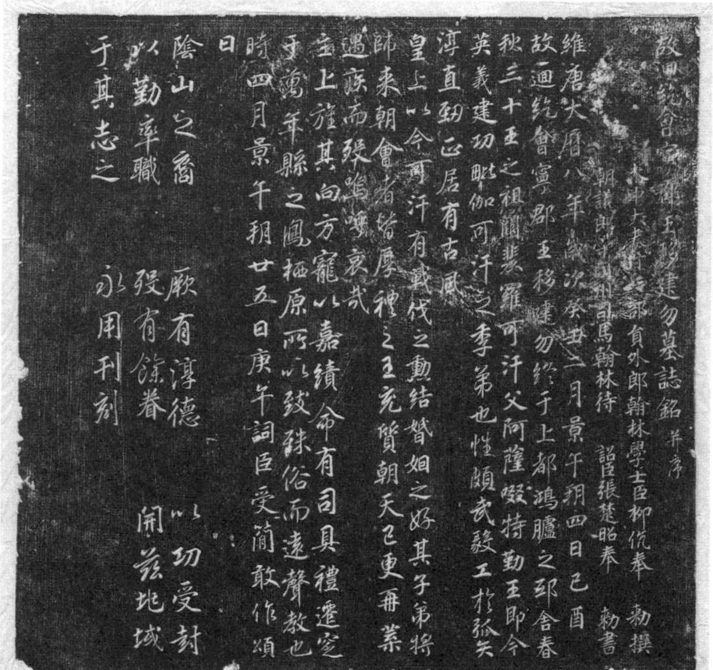
故回紇會寧郡王移建勿墓誌銘并序
中大夫守[illegible]部員外郎翰林學士臣柳伉奉　勅撰
朝議郎守[illegible]州司馬翰林待　詔臣張楚昭奉　勅書
維唐大曆八年歲次癸丑二月景午朔四日己酉
故迴紇會寧郡王移建勿終于上都鴻臚之邸舍春
秋三十五之祖闕裴羅可汗父阿薩啜特勤王即今
英義建功毗伽可汗之季弟也性頗武毅工於弧矢
淳直勁正居有古風
皇上以令可汗有戰伐之勳結婚姻之好其子弟將
師來朝會者皆厚禮之王充質朝天已更再葉
遇疾而殁嗚呼哀哉
主上旌其向方寵以嘉績命有司具禮遷窆
于萬年縣之鳳栖原所以致殊俗而遠聲教也
時四月景午朔廿五日庚午詞臣受簡敢作頌
日
陰山之裔　厥有淳德　以功受封
以勤率職　殁有餘眷　聞茲地域
于其志之　永用刊刻

圖二　〈移建勿墓誌銘〉拓片

國子博士翰林學士皇太子鄭王等侍讀侍文臣張涉奉　勑撰」
元從殿中少監翰林學士上柱國賜紫金魚袋臣吳宰臣奉　勑書」
君諱秉義，字末阿波，迴紇登里頡咄登蜜施合俱錄英義建功」毗伽可汗之堂弟也。父移建啜，玄宗朝嘗瞻風入覲，竭節」爲臣。嗣休屠之令猷，繼日磾之茂績。或命衣玄甲，遠掃邊陲；或」寵侍軒墀，榮參警夜。願留捧日，絕望寒鄉，因封爲崇義王，」仍賜姓李。公即王之第四子也。武出天性，忠稟父風。弓彎六鈞，」矢洞七札。肅宗朝以痛賊臣之負國，思夏后之配天。遂翼」翦鯨鯢，佐清區寓。名書彝鼎，勳列太常。今上往居藩邸」之日，奉詞伐叛，仗節專征。公又率己棣華，先鋒霆擊。每登雁」陣，勢疾風趨。搴旗於萬敵之中，取馘於百蘗之下。故入則參侍」帷幄，出則羽衛戎麾。未嘗不命中愜心，指蹤如意。洎皇上握」圖御極，論舊錄功，授左武衛將軍，特加茅土之封，用賜河山之」慶。降年未永，奄逐逝川。以大曆七年三月五日薨於長安靜恭里」之私第，春秋廿五。越以其年四月十日葬於京兆鳳栖原，禮也。」皇上以公可汗金支，於國有婚姻之親；禁掖藎臣，念舊爲勳庸之」最。歎惜尤切，軫悼殊深，遂贈公天水郡王，賻絹一百匹，布五十端。」喪葬所須，並皆官給。仍令尚食致祭，京少尹監護。生則輸忠七」萃，歿乃銘勳九原。冢象祁

圖三　〈李秉義（末阿波）墓誌銘〉誌蓋拓片

圖四　〈李秉義（末阿波）墓誌銘〉拓片

連，塋封馬鬣。君恩昭著，臣節益」彰。爰命侍臣，式刊貞石，銘曰：

天子武臣，可汗棣蕚。百戰爲」歡，七擒取樂。縱橫奮擊，馳突如飛。氣摧萬刃，勇決重圍。恩眷特」深，藏舟不固。悲逐隙駒，哀纏薤露。父晝雲閣，子銘景鍾。榮標國」姓，寵表嘉庸。禮備飾終，贈光幽壤。徽音永茂，營魄長往。」

二、兩方墓誌銘的釋讀

大曆是唐代宗的年號，大曆七年是西元七七二年，大曆八年即西元七七三年。兩位墓主移建勿、李秉義（末阿波）均爲當年去世，當年入葬。《舊唐書》卷一一〈代宗本紀〉大曆七年：「夏四月甲寅，迴紇王子李秉義卒，歸國宿衛賜名也。」[4]這些材料與李秉義（末阿波）墓誌大體相合，唯如按照墓誌所記，四月十日是下葬日，

4 （日）森安孝夫〈漠北迴紇汗國葛啜王子墓誌新研究〉（載《唐研究》第二一卷，北京：北京大學出版社，二〇一五年）也提及這條材料，同時還檢出《冊府元龜》卷九七六〈外臣部・褒異〉三的另一條記載李秉義卒葬的史料，見《唐研究》第二一卷，第五〇六頁。

不是卒時。但能在正史的帝王本紀中保留這一條，足見迴紇王子李秉義去世是當年的重要事件。

鴻臚是指鴻臚寺。鴻臚寺與禮賓院是唐代中央政府主管民族事務與外事接待的機構，設在皇城之內。元和九年（八一四），禮賓院遷出皇城，置於安上門大街東邊的長興坊中。[5]《新唐書》卷四八〈百官三．鴻臚寺〉：「卿一人，從三品；少卿二人，從四品上；丞二人，從六品上。掌賓客及凶儀之事。領典客、司儀二署。凡四夷君長，以蕃望高下爲簿，朝見辨其等位，第三等居武官三品之下，第四等居五品之下，第五等居六品之下，有官者居本班。御史察食料。二王後、夷狄君長襲官爵者，辨嫡庶。諸蕃封命，則受冊而往。海外諸蕃朝賀進貢使有下從，留其半於境；繇海路朝者，廣州擇首領一人、左右二人入朝；所獻之物，先上其數於鴻臚。凡客還，鴻臚籍衣齎賜物多少以報主客，給過所。蕃客奏事，具至日月及所奏之宜，方別爲狀，月一奏，爲簿，以副藏鴻臚……皇帝、皇太子爲五服親及大臣發哀臨弔，則卿贊相。大臣一品葬，以卿護；二品，以少卿；三品，以丞。皆司儀示以禮制。主簿一人，從七品上。錄事二人。龍朔二年，改鴻臚寺曰同文寺，武后光宅元年，改曰司賓寺。」《資治通鑑》卷二二四代宗大曆七年：「唐鴻臚寺，在朱雀街西第二街北來第一坊，又北即西內宮城。」[6]筆者在這裡不憚辭費，羅列多條有關鴻臚寺史料，是與下文的討論有關的。

關於兩位墓主的世系。與同時期唐代的漢族士人墓誌相比，這兩方墓誌內容均較簡單，在追述世系上，沒有漢人貴族官僚鋪排祖先的舊套，兩方墓誌共同提到「英義建功毗伽可汗」，據此我們可以列出一個簡單的關係表：

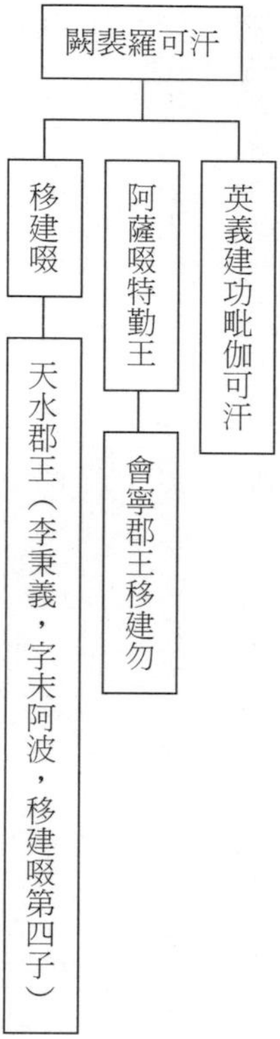

《新唐書》卷二一七〈迴鶻傳〉：「（代宗即位），帝念少華等死，故贈少華左

5 劉慶柱《地下長安》，第三七九頁，北京：中華書局，二〇一五年。另一說，禮賓院隸屬於鴻臚寺。見張永祿主編《唐代長安詞典》，第一二〇頁，西安：陝西人民出版社，二〇一一年。

6 《資治通鑑》第一五冊，第七二一八頁，北京：中華書局，一九五六年點校本。

散騎常侍，琚揚州大都督，賜一子六品官。於是冊可汗日頡咄登里骨啜蜜施合俱錄英義建功毗伽可汗，可敦日娑墨光親麗華毗伽可敦，以左散騎常侍王翊使，即其牙命之，自可汗至宰相共賜實封二萬戶。又以左殺爲雄朔王，右殺寧朔王，胡祿都督金河王，拔覽將軍靜漠王，十都督皆國公。」[7] 史書所述可汗名稱，與第二方墓誌〈李秉義誌〉的記述一致，兩方墓誌均提及的「英義建功毗伽可汗」，即迴紇史研究中的移地健，又稱牟羽可汗，或登里可汗。〈移建勿誌〉提及的「王之祖闕裴羅可汗」，當指骨力裴羅，又稱闕毗迦可汗、懷仁可汗。如此看來，不僅這兩方墓誌相互間關係密切，且與下文所要討論的另外三方墓誌亦有了聯繫。因牟羽可汗在平定安史叛亂中的獨特作用，故有關他的部落及家族史料，對於隋唐史研究也彌為珍貴。

此外，這兩方墓誌還涉及到相關聯的問題，有如下幾個方面：

1. 喪葬的時間。〈李秉義誌〉述墓主李秉義於大曆七年三月五日去世，當年四月十日葬，享年二十五歲。〈移建勿誌〉述墓主移建勿於大曆八年二月四日去世，當年四月廿五日葬，享年三十歲。兩位誌主去世的時間很靠近，一位卒於大曆七年，一位卒於大曆八年，相隔僅一年，去世時年齡也都不大。

2.喪葬的地點。李秉義（末阿波）卒於長安靜恭里之私第，葬於京兆鳳栖原。移建勿卒於鴻臚寺邸舍，遷葬於萬年縣鳳栖原。鳳栖原爲唐代長安知名公共墓區，唯〈移建勿誌〉說：「主上旌其向方，寵以嘉績，命有司具禮遷窆於萬年縣之鳳栖原，所以致殊俗而遠聲教也。」殆在鳳栖原有迴紇貴族專屬的墓地？關於這一點，下文還要討論，此暫略。

3.兩個墓主的關係。據墓誌知，移建勿的父親阿薩啜特勤王，是英義建功毗伽可汗（牟羽可汗）的季弟，而李秉義則是英義建功毗伽可汗的堂弟，似乎移建勿與牟羽可汗的關係更近一些，但李秉義要比移建勿高一輩，兩人當是叔侄關係。

4.兩方墓誌的作者。〈移建勿誌〉的作者柳伉，是陝西馮翊（今陝西大荔）人，肅宗乾元元年（七五八）登進士第，自祕書省校書郎，入爲翰林待詔。代宗廣德元年（七六三），作〈請誅程元振疏〉，要求朝廷斬宦官程元振。《全唐文》卷四五七收其文，事蹟見岑仲勉《翰林學士壁記注補》。[8]

---

7 《新唐書》第一九冊，卷二一七上，第六一一九頁，北京：中華書局，一九七五年點校本。

8 周祖譔主編《中國文學家大辭典（唐五代卷）》，第五七一頁，陳尚君撰此人詞條，北京：中華書局，一九九二年。

〈李秉義誌〉的作者張涉似更有名。按唐代至少有三位叫張涉者，其中德宗時期的張涉在《舊唐書》卷一二七有傳：「張涉者，蒲州人，家世儒者。涉依國學爲諸生講說，稍遷國子博士，亦能爲文，嘗請有司日試萬言，時呼張萬言。德宗在春宮，受經於涉。及即位之夕，召涉入宮，訪以庶政，大小之事皆咨之。翌日，詔居翰林，恩禮甚厚，親重莫比。自博士遷散騎常侍。上方屬意宰輔，唯賢是擇，故求人於不次之地。涉舉懷州刺史喬琳爲相，上授之不疑，天下聞之者皆愕然。數月，琳以不稱職罷，上由是疎涉。俄受前湖南都團練使辛京杲贓事發，詔曰：『尊師之道，禮有所加；議故之法，恩有所掩。張涉賄賂交通，頗駭時聽，常所親重，良深嘆惜。宜放歸田里。』」[9]《資治通鑑》卷二二六也有記載：「（建中元年）三月，翰林學士、左散騎常侍張涉受前湖南觀察使辛京杲金，事覺；上怒，欲置於法。李忠臣以檢校司空、同平章事、奉朝請，言於上曰：『陛下貴爲天子，而先生以乏財犯法，以臣愚觀之，非先生之過也。』（胡注：張涉先侍讀東宮，故李忠臣言以爲先生）上意解，辛未，放涉歸田里。」[10]

三、與已出其他迴紇人墓誌的比較

西安大唐西市博物館收藏了〈迴鶻葛啜王子墓誌銘〉、〈迴鶻米副侯墓誌〉、〈石解墓誌〉等與迴紇有關的石刻文獻，[11]這些文獻已經被錄文整理，而且還曾先後召開過多次國際學術會議和專題研討會，對相關問題的認識不斷深化，特別是〈葛啜王子墓誌銘〉因其用漢語和魯尼文雙語文字書寫，引起國際唐史學、迴紇學和突厥學界的廣泛關注，從已經發表和彙集的論文來看，成果是非常豐盛的。爲了研究移建勿和李秉義（末阿波）墓誌，筆者曾集中閱讀了這些成果，受益匪淺，本文擬略其所詳，詳其所略，把重點集中在學界仍有爭議的幾點上，以便能通過這些新出土文獻，推進迴紇史研究的一些難點和爭議點。爲了便於討論，首先照錄兩塊墓誌：

9 《舊唐書》第一一冊，卷一二七，第三五七七頁，北京：中華書局，一九七五年。

10 《資治通鑑》第一六冊，卷二二六，第七二七九頁。

11 〈石解墓誌〉僅一處提及迴紇，見胡戟、榮新江主編《大唐西市博物館藏墓誌》下冊，第七五四—七五五頁，北京：北京大學出版社，二〇一二年。因與本文要討論的問題關係不大，故未作為比較研究的支撐材料。

1.〈故迴鶻葛啜王子墓誌并序〉漢文

迴鶻葛啜王子，則可汗之諸孫。我國家討平逆臣祿山之亂也，王子父車毗尸特勤實統戎左右，有功焉。故接待之優，寵錫之厚，殊於他國。王子以去年五月來朝，秩班禁衛，賓籍鴻臚。方宜享茲榮耀，光於蕃部，奈何不淑，以貞元十一年五月廿日遘疾云殂，享年二十。以其年六月七日葬於長安縣張杜原。兄王子阿波啜與諸部之屬，銜哀奉喪。送終之飾，則有詔所司備儀焉，禮無其闕。嗚呼！修短命也，死者生之終。乃刻石誌墓云：

蕃之王子兮，氣雄雄；生言始兮，死言終；魂神異兮，丘墓同。[12]

2.唐故迴鶻雲麾將軍試左金吾衛大將軍米副侯墓誌記

蓋聞四海枯渴之想，目月有虧盈之時，五山尚有崩摧，人命剎那，焉能久住？光同塵內，花出淤泥。處俗時流，依師慕道，是我清淨光明大師之也。淨惠嚴潔，虛堂聽而不掇，是我大哉之嚴師。唯米公年七十有三，住於唐國，奉於詔命，遂和而相滋。客從遠蕃，質子傳息。身雖蕃目，內典是常。閭里之間，敬奉如嚴師也。內外傳則，共守典章，規門肅儀，示以訓而不暇。四息二女，傳孝道於盈衢，處眾推管，贊好能述，滿路長月；誠次月晏，進直推亮。居家侍奉，曾參之不及；女事羅門，銜公貴之不失。蒼旻何負，忽降疾兮，尋師百度，恁（荏）苒難痊，轉歸宇。是日也，擇兆良晨，安於邦國，遷布政鄉靜安里，庚於上地，施設千功，鳴沙氏之對棺，連玉堂而杳實，握於丈餘，廣施妙矣，親戚同悲。長慶癸卯十二月十六日，奉勑京兆府長安、萬年兩縣，官供棺櫬（櫬）、輭□（車），設饌列於街，給仰街事，安能不嗟兮？故雋記矣。[13]

另外，一九八七年十二月二日，在西安西郊新西北火車站東的陝西省第三印染廠家屬區基建工地，還曾出土〈大唐故迴紇府君墓誌〉：[14]

3.大唐故翰海都督右領軍衛大將軍經略軍使迴紇府君墓誌銘并序

姨弟左驍衛倉曹楊仲舉撰書

夫希代之寶，積於荊山；來儀之鳳，出於丹穴。故葉盛衣冠，門承翰海之俊；地雄虜塞，家有可汗之貴。居崇高而匪傲，席寵榮而若驚者，則公焉。姓迴紇，字

12 錄文據《唐研究》第一九卷，第四二三頁。

13 錄文據楊富學〈大唐西市博物館藏〈迴鶻米副侯墓誌〉考釋〉，《民族研究》二〇一五年第二期。

14 墓誌收錄見周紹良、趙超主編《唐代墓誌彙編續集》，第六八一頁，上海：上海古籍出版社，二〇〇一年。又見趙力光主編《西安碑林博物館新藏墓誌彙編》，北京：線裝書局，二〇〇七年。研究見師小群、王建榮〈西安出土迴紇瓊、李忠義墓誌〉，《文博》一九九〇年第一期。

瓊，陰山人也。曾卑栗，右衛大將軍。祖支，左衛大將軍，父右金吾將軍。公初拜執戟，後遷郎將，旋拜將軍。性與道合，智若有神，獻天子上策，斷土蕃之右臂，故得賞延於世，寵冠諸蕃，公侯子孫。河嶽降靈，俊心豁爾。卅從軍，習百戰之勝，廿志學，尋師知六藝之工。頃戎羯亂常，堂弟可汗兵雄勇壯。收兩都之捷，功成未受，旋至上京。未見闕庭，俄爾癭疾。以乾元三年三月廿九日，終於群賢里之私第，春秋五十有五。以四月十九日，遷厝於龍首鄉，禮也。却臨渭水，夏生草木之聲；直視終南，曉接煙雲之氣。慈父悲叫，愛母泣血，五內崩摧，肝心如裂。嗣子頠，攀號擗摽，痛深切骨，追述遺訓，以託金石。銘曰：

分土命氏兮始自軒轅，應星作氣兮時稱大蕃。乃父乃祖兮懷聖殷，爲王爲侯兮慶流子孫。萬古河山兮地久天長，泉臺一閉兮絕相望。

筆者拈出這三塊墓誌與本文所重點討論的兩通墓誌進行對讀比較，主要想集中在以下幾個相關的問題上：

一是「迴紇」與「迴鶻」名稱問題。迴紇改名迴鶻的時間，史書記載多有不同，學者討論亦不少。《舊唐書》、《舊五代史》等說在唐憲宗元和四年（八〇九），《新唐書》等說在德宗貞元四年（七八八），而《唐會要》、《冊府元龜》等又說在貞元五年（七八九）。司馬光等纂修《資治通鑑》時，通過考核最終採用《新唐書》的說法，定在貞元四年（七八八）。但司馬光的主張，並未被學者們普遍接受，目前堅持元和四年說、貞元五年說者亦不在少數。這是民族史學界和突厥史學界討論較多的問題，至今仍有爭論。我們可以把五方墓誌的喪葬時間分成兩組：

第一組：〈迴紇瓊誌〉：乾元三年（七六〇）。〈李秉義誌〉：大曆七年（七七二）。〈移建勿誌〉：大曆八年（七七三）。

第二組：〈葛啜王子誌〉：貞元十一年（七九五）。〈米副侯誌〉：長慶癸卯年（八二三）。

據此來看，前一組三方均在貞元以前稱迴紇，後一組兩方在貞元後稱迴鶻，與貞元四、五年的說法相符，證明改名發生在貞元四年或五年。

二是幾位旅居長安迴紇人的壽數。據這五方墓誌所載，迴紇瓊卒年五十五歲，李秉義（末阿波）卒年二十五歲，移建勿卒年三十歲，葛啜王子卒年二十歲，米副侯卒年七十三歲。壽數較長的米公（七十三歲）及迴紇瓊（五十五歲），在長安居住的時間也較久。另外三位早逝的，居留長安的時間也很短。他們三位的早逝，究竟是因爲不服長安水土，還是另有其他原因，暫不能確定。

三是迴紇人在長安的葬地。據墓誌記載，迴紇瓊葬於長安龍首鄉，李秉義（末阿波）、移建勿均葬於萬年縣鳳栖原，葛啜王子葬於長安縣張杜原，米副侯遷葬於布政鄉靜安里。

本文提供的兩方墓誌，其葬地清晰準確，即京兆萬年縣鳳栖原，鳳栖原亦稱栖鳳原，為萬年縣韋曲附近的高地，東接少陵原，西到動陰坡。[15] 在今西安市長安區南，有大兆、二兆、三兆等地名，在唐代碑誌中經常出現。亦有學者考證，迴紇瓊葬地的龍首鄉，與葛啜王子墓地長安縣張杜原，實即一地，在今西安市西郊簡家村、賀家村一帶。[16] 米副侯遷葬的布政鄉靜安里，當也在西郊的龍首原附近。[17]

胡鴻的研究還進一步羅列了唐代長安周邊的突厥系人物墓誌二十方，他發現其中的葬地分爲四類：昭陵、東郊、西郊、南郊。昭陵是陪葬唐太宗的，自然地位尊崇。葬於東郊的有六方墓誌，葬於西郊的有八方墓誌（加上新出的〈米副侯誌〉，應該是九方），他列舉葬於南郊的只有一方墓誌（〈熾俟赸墓誌〉，葬於長安高陽原），並推論說南郊埋葬的突厥系人物最少，並進一步說，這裡不是突厥人物的集中埋葬地。[18] 本文所提供的這兩方墓誌，雖然從數量上尚改變不了西郊多南郊少的事實，但認爲南郊不是突厥系（迴紇）人物的集中埋葬地，似結論下得有些匆忙，還有待新的出土文獻進一步補充。

四是旅居長安迴紇人的喪葬資費。〈李秉義誌〉中明確提及，李秉義卒後，朝廷除了追贈天水郡王外，還「賻絹一百匹，布五十端，喪葬所須，並皆官給」，全部解決了喪葬的資費，還「仍令尚食致祭，京少尹監護」，就是對此後的致祭、墓地的維護都有明確指示。葛啜王子卒後，「送終之飾，則有詔所司備儀」。米副侯卒後，「奉勑京兆府長安、萬年兩縣，官供棺櫬（槻）、轜□（車）」。移建勿卒後，「主上旌其向方，寵以嘉績，命有司具禮遷窆於萬年縣之鳳栖原」。可見朝廷對迴紇王族的喪葬活動是非常重視的，或全額資助，或部分資助。

五是旅居長安迴紇人在長安的居所。移建勿居於鴻臚寺邸舍，葛啜王子也似居

15 張永祿主編《唐代長安詞典》，第九頁，西安：陝西人民出版社，二〇一一年。

16 胡鴻〈迴鶻葛啜王子葬地張杜原考〉，《唐研究》第一九卷。

17 據尚民傑〈唐長安、萬年縣鄉村續考〉（收入作者所著《長安繹古——漢唐歷史考古文集》，北京：文物出版社，二〇一六年）一文考證，大中時期〈仇文義妻王氏墓誌〉稱葬其於布政鄉大郭里，都門之西五里而近；貞元時期〈何文哲墓誌〉稱葬其於布政鄉大郭村龍首原。何文哲墓誌出土於今西安鋼廠附近。據此可知，布政鄉當在金光門外，布政鄉有大郭村，距長安城約五里。又見杜文玉〈唐長安縣、萬年縣鄉里補考〉，史念海主編《漢唐長安與關中平原》，《中國歷史地理論叢》一九九九年增刊。

18 胡鴻〈迴鶻葛啜王子葬地張杜原考〉，《唐研究》第一九卷，第四九四頁。

於鴻臚寺，李秉義（末阿波）居於長安靜恭里私第，迴紇瓊居於群賢里私第，米副侯的居所不詳。僅僅要從這五方碑誌總結迴紇（鶻）人在長安居地的一些特點，似還有困難，需要進一步的資料。但史書對當時居於鴻臚寺的迴紇人的活動，有不少記載。

據《新唐書．迴鶻傳》：「初，迴紇至東京，放兵攘剽，人皆遁保聖善、白馬二祠浮屠避之，迴紇怒，火浮屠，殺萬餘人，及是益橫，詬折官吏，至以兵夜斫含光門，入鴻臚寺。」「迴紇之留京師者，曹輩掠女子於市，引騎犯含光門，皇城皆闔，詔劉清潭慰止。復出暴市物，奪長安令邵說馬，有司不敢何詰。自乾元後，益負功，每納一馬，取直四十縑，歲以數萬求售，使者相躡，留舍鴻臚，駘弱不可用，帝厚賜欲以愧之，不知也。復以萬馬來，帝不忍重煩民，爲償六千。」[19] 又《資治通鑒》卷二二四代宗大曆七年也有類似的記載：「春，正月，甲辰，迴紇使者擅出鴻臚寺，掠人子女；所司禁之，毆擊所司，以三百騎犯金光、朱雀門。是日，宮門皆閉，上遣中使劉清潭諭之，乃止。」「秋，七月，癸巳，迴紇又擅出鴻臚寺，逐長安令邵說至含光門街，奪其馬，說乘他馬而去，弗敢爭。」[20] 這四條史料的資訊量極大，既有安史亂後迴紇軍人居功自大，狂悖無禮的情形，也有鴻臚寺門禁規定的被破壞，還涉及到當時長安城市管理的一些問題。

又《資治通鑑》卷二二四大曆八年：「迴紇自乾元以來，歲求和市，每一馬易四十縑，動至數萬匹，馬皆駑瘠無用，朝廷苦之，所市多不能盡其數，迴紇待遣、繼至者常不絕於鴻臚。至是，上欲悅其意，命盡市之。秋，七月，辛丑，迴紇辭歸，載賜遺及馬價，共用車千餘乘。」[21] 這條史料還涉及到當時不平等的和市問題，此不贅論。我比較感興趣的是「使者相躡，留舍鴻臚」，「迴紇待遣、繼至者常不絕於鴻臚」等句子，說明居於鴻臚寺邸所的迴紇人數量應很大，品類很雜。有經商者，有作質子的，有使臣，還有士兵。有短期的，也有長期的。他們與管理者的關係也很複雜，有衝突矛盾，有燒搶擄掠的，也有討價還價的，這是研究安史亂後唐與迴紇關係者應該特別注意到的一些面相。

又，移建勿所居是「鴻臚邸舍」，據張永祿等的研究，唐鴻臚寺署在京師皇城南

19 《新唐書》卷二一七上，第六一一九—六一二〇頁。
20 《資治通鑑》第十五冊，卷二二四，第七二二八—七二二九頁。
21 《資治通鑑》第十五冊，卷二二四，第七二二一頁。

面朱雀門內之西。遺址約在今西安城朱雀門內太陽廟門、報恩寺街一帶。[22]鴻臚邸舍，當即鴻臚客館，在鴻臚寺署之西，舊址約在今西安城含光門內之東甜水井街至四府街南段。[23]兩地相近，但並非一處。我們看前引史料中多次出現含光門、朱雀門等地址，就是因鴻臚寺署和鴻臚邸舍都在這一帶，故迴紇人在這一帶活動很多，頻繁出沒。

六是旅居長安迴紇人的身分。〈移建勿誌〉中提及他「充質朝天」，〈米副侯誌〉中也說「從遠蕃，質子傳息」，說明他們都是以質子的身分居唐的。[24]據學者研究，唐代的外交質子要經過身分查驗、宿衛授官、輪流替換、撫養教育等環節。其中，宿衛授官是質子制度的核心內容。唐把質子統一納入到宿衛系統之中，這是質子制度完善的重要標誌。[25]

墓誌中提及多位迴紇貴族擅武勇，對平定安史之亂多有貢獻。如〈移建勿誌〉中說他的父親阿薩啜特勤王「性頗武毅，工於弧矢」。〈李秉義誌〉中說他的父親移建啜「命衣玄甲，遠掃邊陲」，他自己則「武出天性，忠秉父風。弓彎六鈎，矢洞七札。肅宗朝以痛賊臣之負國，思夏后之配天。遂翼翦鯨鯢，佐清區寓。名書彝鼎，勳列太常。今上往居藩邸之日，奉詞伐叛，仗節專征。公又率己棣華，先鋒霆擊。每登雁陣，勢疾風趨。搴旗於萬敵之中，取馘於百聾之下。故入則參侍帷幄，出則羽衛戎麾。未嘗不命中愜心，指縱如意」，「天子武臣，可汗棣萼。百戰爲歡，七擒取樂。縱橫奮擊，馳突如飛。氣摧萬刃，勇決重圍」。〈葛啜王子誌〉說「我國家討平逆臣祿山之亂也，王子父車毗尸特勤實統戎左右，有功焉」。迴紇瓊「初拜執戟，後遷郎將，旋拜將軍……頃戎羯亂常，堂弟可汗兵雄勇壯。收兩都之捷，功成未受」。可見這些迴紇貴族都是以武勇受到重視的，又以在平定戰亂有功受到封賞的。[26]

七是幾方墓誌提及唐與迴紇貴族的婚姻。〈移建勿誌〉提及「皇上以今可汗有戰

22 張永祿主編《唐代長安詞典》，第一一七頁，西安：陝西人民出版社，二〇一一年。
23 張永祿主編《唐代長安詞典》，第一二〇頁，西安：陝西人民出版社，二〇一一年。
24 關於唐代質子論述較多，見向達《唐代長安與西域文明》，北京：商務印書館，二〇一五年；黎虎《漢唐外交制度史》，蘭州：蘭州大學出版社，一九九八年；陸宜玲《唐代質子研究》，陝西師範大學碩士論文，二〇〇八年。
25 見陳金生、費翔〈試論唐代質子制度的內容〉，《社科縱橫》二〇〇九年第四期。
26 〔日〕森安孝夫根據石附玲等的研究，按八世紀前半葉的居住地，把迴紇部落歸類為河西南走部、漠北殘留部、河東南走部等三部，並認為迴紇瓊、李秉義都應是河西南走部王子。他還進一步推論說：構築大唐帝國軍事力量之骨幹，並不是府兵制與募兵制招募來的農民出身漢人士兵，而是統括在羈縻州名下的、幾無在漢籍留下相關記錄的集團——活躍在中國北部農牧接壤地帶及其背面草原地區的半獨立狀態下的數量龐大的遊牧騎馬民與粟特人等。見森安孝夫〈漠北迴紇汗國葛啜王子墓誌新研究〉，載《唐研究》第二一卷，第五〇六頁。

伐之動，結婚姻之好，其子弟將帥來朝會者，皆厚禮之」，「歿有餘眷，開茲地域」。〈李秉義誌〉也說「皇上以公可汗金支，於國有婚姻之親」。

〈米副侯墓誌〉沒有說及與朝廷的聯姻，但說到他在長安家庭的子女情況：「四息二女，傳孝道於盈街，處眾推管，贊好能述，滿路長月；誠次月晏，進直推亮。居家侍奉，曾參之不及；女事羅門，衛公貴之不失。」不僅說到子女，還說到他的亡故，讓父母也悲痛欲絕。

〈迴紇瓊墓誌〉的墓誌銘由其姨弟左驍衛倉曹楊仲舉撰文並書寫，根據其能文能書來推測，楊仲舉要不是漢族文士，便是漢化很深的胡人。則迴紇瓊家族亦當與漢族有通婚聯姻的事實。

八是迴紇人墓誌的文體特徵和寫作風格。就本文所提交的兩方墓誌來看，內容均較簡要，兩方比較，第一方更簡單。雖同爲墓誌銘文體，第一方多變化，第二方較規整。但以書碑字體而言，似第一方稍規整些，而第二方則較隨意也較自然。可以感覺到在不斷地變化。已引起廣泛關注的〈葛啜王子誌〉，就其誌文內容而言，似也很簡要，與本文提供的〈移建勿誌〉類似，還沒有〈李秉義誌〉詳細。但該誌是用雙語書寫，特別是突厥語的魯尼文，是在已出土的唐誌中第一次出現，故一經公布就引起國內外學界的重視。

與同時期漢族士人及貴族的墓誌相較，這五方迴紇人的墓誌總體上都較簡略。但〈迴紇瓊墓誌〉還是較規整，時間越朝後移動，文體也越隨意。唯〈迴紇瓊墓誌〉僅書其表字，名爲何？姓氏爲何？均闕漏。[27] 不知是撰誌文者疏忽，還是有意為之？按隋唐時期，昭武九姓及歸化的西域諸族，石國人以石爲氏，米國人以米爲氏，安國人以安爲氏，史國人以史爲氏，在在不少，唯以迴紇爲氏者，這算是一個例子。

這兩方新出迴紇貴族墓誌的內容極豐富，與此前出土的三方墓誌的關係也極密切，但也有不少問題頗複雜，需要進行專題研究。筆者的專攻既不是中西交通史，也不是民族史，只是因緣湊巧，較早看到這組新文獻。天不惜寶，吾輩亦當視其為天下公器而非個人私藏，故先粗略整理並公之於同好，希望能引起相關領域專家的關注，做出更專精更深入的成果，用新史料和新文獻推進迴紇（鶻）史的研究。

27 按學界的研究，英義建功毗伽可汗（牟羽可汗）這一支屬迴紇藥邏葛氏。又，森安孝夫文章的注[34]中有一條說明：「江川式部先生賜教，墓誌中不出現墓主父名是因為其父尚健在。」見《唐研究》第二一卷，五〇九頁。

後記

寫作本書的緣由我在代前言中已經簡單交代。若要補充，就是寫作時間與我過去幾本書不太一樣。此前的幾部個人著作，在寫作時我都是如獅子搏兔，全力以赴，集中精力，完成後就撇開不管了。本書則耗費了我多年的時間，如魔鬼附身，念茲在茲，擺脫不掉。

從撰寫關於〈李百藥墓誌銘〉的第一篇文章，到為後記敲下最後一個鍵，已經過了六、七年時間。之所以如此拖遝，主要是我的慵懶。每篇首先寫成單獨的論文，先小範圍徵求意見，再到會議上宣讀，然後交刊物發表，都要走一個類似的程式。起始，我是將此題目當作一個系列論文來寫的，並沒有結集出版的念頭。直到最近，才萌生了一個新想法，希望能更大範圍徵求意見，於是倉促間集中整理，統一體例，趕著未完成的活。

另外要說明的是，收入本集的雖僅僅是十多方石刻新文獻的初步整理成果，但對我個人來說，難度很大，工作量也很大。我是學中幹，幹中學。因為我的學術專攻主要是唐代文學，是以對傳世的經典文學做闡釋為主要任務的。整理石刻文獻除了要認字外，更大的難度是，許多新出文獻與文學毫無關係，在兩《唐書》等史書中也沒有留下什麼痕跡。還有不少「塞表殊族」人物，從現代民族學來看，既有境內民族，又有跨境民族，還有境外民族。當然，從歷史學來看，都屬於古代民族，有些已經消失，或者與其他民族融合。還有，我過去對宗教學的知識有限，現在則馬上要處理唐代異族女性修持者、唐代外族女性與佛教三階教有關的案例等。此外，新文獻還涉及書法史、刻石工藝學、古代樂律學的旋宮法等等。早年學的那丁點三腳貓功夫都派不上用場，只能病急亂投醫，急用現學。雖也收到立竿見影之效，但從傳統做學問的角度來看，我自己也不認可這種速效的惡補。

唯一合理的解釋是，我將此專案作為一種自我測試和自我挑戰，對自己的年齡、身體、反應以及心身協調能力的測驗。看看年近六旬的半老人，是否還能有跨學科的視野，是否仍然能吸收專業以外的新知，是否能每天靜坐下來，進行長時段高強度的工作。當然，更深一層但又有些羞於告人的目的是，我將此項工作作為抵抗阿茲海默症、帕金森氏症等衰老病症的一記良方。在衰老的黑暗降臨前，做一些預防和抵抗，也把所要做的事趕出來，少留一點遺憾。事實證明，通過閱讀、思考、寫作抵抗衰老的效果還是很明顯的。

最後是致謝。我與齊志兄、苗豐兄是髮小，在陝北張家畔度過了屬於我們的陽光燦爛的日子。及長，卻各奔東西，漸行漸遠。無論工作內容、工作地點都不搭界。但在我快六十歲時，為保存神臯故籍，我們又重聚首，有機會再合作一次。我們是在砸爛封資修的極端時代野蠻成長起來的，但在五十年後，卻能將飄零散佚的片石彙集起來，移交國家，建博物館保存。一起一落，大破大立，大開大闔，歷史車輪的大震蕩，個體機運的大轉捩，我們不是大時代的操盤手，但卻是這幾十年來光怪陸離現狀的親歷者。個中況味，艱難苦恨，只能體驗，無法言說。

收入本集的的第一篇文章是在《文學遺產》發表的。還記得劉躍進兄聽說有《北齊書》作者李百藥的墓誌，特別期待，囑張劍兄特稿特辦，很快刊發。陳尚君先生看到我關於迴紇貴族兩方墓誌整理的初稿，提了很好的建議，並立即推薦給《唐研究》。此後我們搞的新出文獻整理研究的系列活動，都有尚君先生的身影。胡戟先生在西大時給我講過《資治通鑑》，後來他雖然離開西大，但對老學生還是時時照顧。榮新江先生成名甚早，但儒雅謙遜，凡是請他審閱的稿件，他都能認真校改，做了好事不留名。周偉洲先生是與我讀研究生時同一寢室的苗普生兄、楊銘兄的授業師，我也一直視他為老師，故我將吐谷渾〈成月公主墓誌〉釋讀的稿件呈交周老師指正，周老師提了很具體的意見，惜稿件已交期刊社，發表前的修改不徹底，收入本書時，又調出周老師的郵件，做了盡可能的吸收。葛承雍兄是我本科和研究生期間的老同學，我們雖然學術專攻不同，但他一直是我學術上的畏友，從他的學術轉向和學術新成果中，我獲得了許多啟示。當然，應該感謝的師友還有很多，恕不能再嘮嘮叨叨地羅列了。

我的幾位學生盧燕新、王偉、胡永傑、樊文軍、萬德敬、亓娟莉、李波、羅曼等幫我校訂稿件，做了大量工作，也向他們表示感謝。

我是近四十年來海峽兩岸學術交流的親歷者，也是受益者。因此很早就結識了羅聯添、何寄澎、葉國良、龔鵬程、廖美玉、蕭麗華、呂正惠、簡錦松、王明蓀、宋德熹、李紀祥、曹淑娟、侯迺慧、林淑貞、李寶玲等幾代師友。特別是二〇一四年、二〇一九年先後在逢甲及中興執教，向何寄澎、廖美玉、林淑貞、宋德熹、王明蓀、李寶玲、王志宇、黃東陽、李建緯諸位不時請益，過從甚多。

幾年前，利用在逢甲工作的機會，我還曾到臺北聯經出版公司拜訪，惜返回大陸後，我的工作發生了一些變化，原來的設想未能完成。故這一次書稿甫成，我首先想到呈交聯經出版公司，具體編輯工作則仰賴陳逸華副總編輯負責。稿成，又蒙我一直很敬畏的何寄澎、陳尚君兩位資深教授賜序推薦，僅一併致謝。

我願將本書的初版交由臺灣聯經出版公司刊布，除了是對此前在逢甲、中興兩所學校的師友致敬，也希望能第一時間得到兩岸三地同好的剴切批評和指正，同時呼籲海內外從事傳統文史學科的新生代朋友，能更多關注新文獻新材料的發現和利用，俾使豐饒的中華文化研究與時俱進，光景常新。

二〇二〇年二月二十四日農曆庚子年二月二日

俗謂龍抬頭也

本書各篇初刊出處

1. 〈究人冥天之際〉，《中國文化研究通訊》二〇一九年第四期。
2. 〈新發現唐李百藥墓誌銘及其價值〉，《文學遺產》二〇一五年第六期，收入本書有修改。
3. 〈唐代士族轉型的新案例：以趙郡李氏漢中房支三方墓誌銘為重點的闡釋〉，在二〇一六年中興大學「通俗與雅正暨唐代文學國際學術會議」宣讀，刊於《中華文史論叢》二〇一六年第三期。
4. 〈新發現唐初樂律學家祖孝孫墓誌釋讀〉，擬刊於《國學研究》二〇二一年第四六卷。
5. 〈新見李白姻親宗氏夫人墓誌考略〉，《唐代文學研究》第二〇輯（二〇二〇年）。
6. 〈新發現唐代石刻名家邵建和墓誌銘整理研究〉，在二〇一八年復旦大學「中國唐代文學年會暨國際學術會議」上宣讀，刊於《文獻》二〇一八年第六期。中國人民大學書報資料中心，《中國古代、近代文學研究》，二〇一九年第五期全文轉載。

7. 〈新見唐代吐谷渾公主墓誌的初步整理研究〉，《中華文史論叢》二〇一八年第三期。

8. 〈新見唐代安優婆姨塔銘漢文部分釋讀〉，在西北大學「新見中古石刻文獻整理研究工作坊」及逢甲大學「文獻、碑碣與地方社會——第十屆臺灣古文書與歷史研究國際學術研討會」上宣讀，刊於《文獻》二〇二〇年第三期。

9. 〈西安新見兩方迴紇貴族墓誌的初步考察〉，在二〇一六年西南交通大學「中國唐代文學學會年會暨國際學術會議」上宣讀，刊於《唐研究》第二二卷（二〇一六年）。

摩石錄

2020年11月初版　　　　定價：新臺幣480元

著者	李浩
叢書主編	陳逸華
校對	施亞蒨
內文排版	菩薩蠻
封面設計	兒日

出版者	聯經出版事業股份有限公司
地址	新北市汐止區大同路一段369號1樓
叢書主編電話	(02)86925588轉5305
台北聯經書房	台北市新生南路三段94號
電話	(02)23620308
台中分公司	台中市北區崇德路一段198號
暨門市電話	(04)22312023
台中電子信箱	e-mail：linking2@ms42.hinet.net
郵政劃撥帳戶第	0100559-3號
郵撥電話	(02)23620308
印刷者	文聯彩色製版有限公司
總經銷	聯合發行股份有限公司
發行所	新北市新店區寶橋路235巷6弄6號2樓
電話	(02)29178022

副總編輯	陳逸華
總編輯	涂豐恩
總經理	陳芝宇
社長	羅國俊
發行人	林載爵

行政院新聞局出版事業登記證局版臺業字第0130號

本書如有缺頁，破損，倒裝請寄回台北聯經書房更換。　ISBN 978-957-08-5624-8 (精裝)
聯經網址： www.linkingbooks.com.tw
電子信箱：linking@udngroup.com

國家圖書館出版品預行編目資料

摩石錄/李浩著．初版．新北市．聯經．2020年11月．
304面．14.8×21公分
ISBN 978-957-08-5624-8（精裝）

1.墓誌銘 2.唐代 3.中國

794.66 109014446